SAMMLUNG PROFILE
Band 2:
Reiner Kunze

Rudolf Wolff (Hrsg.)

# REINER KUNZE

## Werk und Wirkung

1983

BOUVIER VERLAG HERBERT GRUNDMANN · BONN

**CIP-Kurztitelaufnahme der Deutschen Bibliothek**
WOLFF, RUDOLF:
Reiner Kunze: Werk u. Wirkung; mit e. bibliogr. Anh./Rudolf Wolff. – Bonn: Bouvier, 1983.
(Sammlung Profile; Bd. 2)
ISBN 3-416-01722-6
NE: GT

 Printed in Germany. Druck und Einband: Plump KG, Rheinbreitbach.

# INHALTSVERZEICHNIS

# I

# HEINRICH BÖLL
## Laudatio auf den Georg-Büchner-Preisträger Reiner Kunze

... daß du immer
blöde die eigne Seele leugnest ...
(Friedrich Hölderlin "Gesang des Deutschen")

Die erste Zeile aus diesem Gedicht wird häufig zitiert, die, die ich zum Motto wähle, selten oder kaum. Ich will hier nicht den Versuch unternehmen, herauszufinden, was das denn nun sei: die "eigne Seele" der Deutschen, und ich bin heilfroh, lieber Reiner Kunze, daß Sie zwar Bürger der Bundesrepublik Deutschland sind, in dieser Eigenschaft aber sehr jung, noch nicht und vielleicht für immer nicht einbezogen in eine aktuelle Auseinandersetzung, die Ihnen fremd vorkommen mag, überraschend, oder doch nicht so sehr? So will ich nicht über das Aktuelle sprechen, nur versuchen, mich dem zu nähern, was permanent aktuell daran ist und deutsch, unabhängig von der geschichtlichen Situation und vom politischen System.

Zunächst aber ein paar Worte zu Ihnen, Reiner Kunze. Wenn ein Autor aus einem sozialistischen Land hinausgeworfen oder hinauskomplimentiert wird, werde ich gelegentlich von Freunden oder Kollegen gebeten, ihn zu warnen vor den Fleisch- und Werwölfen des nackten Antikommunismus, vor falschen Freunden und Spekulanten, vor der Vermarktung, vor den Gefahren, die seiner hier lauern.

Ich habe mich immer standhaft geweigert, diese Funktion zu übernehmen, selbst dann, wenn die professionellen Ausbeuter von Schicksalen ihr Opfer in eine Front zu rücken versuchten, die letzten Endes sich gegen mich richtete. Ich neige nun einmal nicht zur Indoktrination, ich gehe davon aus, daß ein Autor, wenn er auch nur auf der untersten Ebene diese Bezeichnung verdient, wahrnehmungs- und ausdrucksfähig genug ist, Gefahren selbst zu erkennen; daß die Gefahr, der er entronnen ist, ihn nicht unempfindlich macht für die Gefahr, in die er gerät. Denn Gefahr besteht immer und überall.

Dem Autor der "Wunderbaren Jahre" und der "Zimmerlautstärke" habe ich nichts beizubringen. Ich habe über Sie geschrieben, habe nichts zurückzunehmen, nichts zu korrigieren, nur ein wenig hinzuzufügen. Nicht berufen fühle ich mich, die Wahrnehmung eines Autors zu animieren, der in einem "beinahe" ("daß er einmal beinahe in einem VW-Käfer mit West-Berliner Kennzeichen getrampt wäre") eine ganze Schreckenswelt unterbringt und ausdrückt; der solch ein Wimpernzucken des Terrors wahrnimmt; dieser Autor wird wohl wissen, was er liest, wenn er liest, daß die Neutronenbombe (die keine Bombe, sondern eine Waffe ist, wobei festzustellen wäre, ob eine Bombe nicht doch eine Waffe ist und eine Waffe eine Bombe sein könnte) - daß sie also nur Leben zerstört, und wenn er liest, daß eine lautstarke Partei diese Waffe freudig begrüßt; kaum Worte, Wörtchen nur, hingesprochen zwischen Wimpernzucken und Augenzwinkern. Oh heilig Herz der Völker, o Vaterland - ist der Tod doch ein Meister aus Deutschland?

Es gibt ein uraltes, nicht nur deutsches Mißverständnis zwischen Autoren und Politikern; letztere bilden sich einfach zu viel ein, wenn sie durch Romane, Gedichte, Erzählungen, Dramen sich beleidigt fühlen, weil die Welt, die sie geschaffen haben, in Wirklichkeit doch schöner sei als dort dargeboten. Der Streit darüber, was nun wirklich sei, ist sinnlos, zeitraubend und langweilig; nicht nur die deutsche, die internationale Literatur macht den Streit überflüssig.

Was wirklich ist, bestimmt der Autor, der Maler, der Bildhauer, der Tänzer, der da seine Wirklichkeit schafft. Entgegenkommen gibt es nicht, Zumutung ist die Parole - und auf alle Rückwärtsangriffe gibt's nur eine Antwort: Vorwärtsverteidigung. Hölderlin hat seine Wirklichkeit, Erich Kästner, Reiner Kunze und viele andere, fast unzählige, und vielleicht ergeben alle ihre Wirklichkeiten die eine; man muß schon lesen, viel lesen und genau.

In keinem Land der Erde - nicht hier, nicht in der DDR, nicht in der Sowjetunion oder Frankreich - hat die Literatur die Aufgabe, Werbung für irgendeine politische und ökonomische Wirklichkeit zu liefern. Dazu gibt es Presseämter, Ministerien, Verlautbarungsapparate, und wenn einer Tristesse mit Tristheit verwechselt, so entspricht das der Verwechslung von Untröstlichkeit bei Trostlosigkeit; ich muß hier wiederholen, was ich vor elf Jahren in einer Rede gesagt habe, einer Rede, die mir eines anderen Zitats wegen so viel Ärger eingebracht hat, daß ich sie immer mehr liebe, manchmal sogar gut finde; lieber Reiner Kunze, verzeihen Sie mir die Wiederholung, sicher möchten auch Sie gewissen und bestimmten Leuten das Lesen beibringen.

Nun aber zu den Deutschen, die mal wieder unter der Last ihres schlechten Rufes stöhnen. Dieser schlechte Ruf tut weh, auch uns Autoren, auch, wenn wir uns meistens international in einer Gesellschaft befinden, wo Klischees nicht gelten; auch, wenn wir die deutsche Geschichte mit ihren vielen Epochen der Untertänigkeit und die Greuel zu kennen glauben; es tut weh, denke ich, weil wir, indem wir deutsch schreiben, ein Bekenntnis ablegen oder ausüben, das mit Vaterlandsliebe weit unter Wert bezeichnet wäre; diese tiefe, ausdrucksreiche, die deutsche Sprache, die eben Wirklichkeiten zwischen Hölderlin und Kästner und Kunze zuläßt, viele andere Wirklichkeiten noch, etwa zwischen Kleist und Kroetz - suchen wir nicht in ihr, was Hölderlin die "eigne Seele" genannt hat - und finden sie nicht in Glücksmomenten, und wissen, daß sie, die diese Sprache sprechen, so häßlich nicht sein können?

Die Haaresbreite sensibler Wege - die hat ein Deutscher gefunden, ist ein Deutscher gegangen; auf dieser Haaresbreite hat er gelebt und gewohnt, kein Seiltänzer, kein Akrobat, standfest, weil sensibel, abhold den Grobheiten seiner Zeit, von ihnen getroffen und doch nicht schwankend, weil die Sprache ihn hielt, eine Sprache, die nicht vereinfacht, die man Zeile für Zeile sich entfalten lassen muß, Welten aufbauend auf eine Zeile, Welten, die beben; bebende Kreatur im Gebrüll des Schreckens, in der mörderischen Mechanik bloßen Funktionierens. Das nenne ich wirklich und deutsch, und soll sich keiner einbilden, kein Bürger, kein Staatsmann - er wäre nicht betroffen.

Kategorien der Herablassung nennen das wohl ein "schmales Werk". Lieber Reiner Kunze - ja, schmal ist es wie eben die Haaresbreite, auf der es Türme baut, Welten errichtet, Verse anstimmt, die lautstarke Mächte, muskelprotzende Armeen in Zorn versetzen.

Vor Davids Schleuder wird Goliath immer noch lächerlich; schmales Werk, ja, deutsch und schmal: sensible Wege, suchen und finden die "eigne Seele", die Propaganda scheut, Lautstärke meidet - im sanften Schwirren des Pfeils mehr Kraft, Zielsicherheit und Mut verbirgt als das tägliche, nächtliche Propagandagetöse. Ein Einbaum mit Einmannbesatzung zwischen ganzen Flotten in ihrer lächerlichen martialischen Selbstsicherheit. Ein Deutscher, ein Dichter, Reiner Kunze, Sie, mit einem schmalen Werk, in dem sich Welten entfalten, dieses Preises würdig und höherer Ehren: verliehen für die Standfestigkeit der Poesie, in Ihrem Falle der deutschen Poesie in deutscher Wirklichkeit.

Deutsche Peinlichkeiten gibt es da genug, die Lautstärke, die Besserwisserei. Manchmal könnte man auf die Idee kommen, wir Deutsche hätten die Freiheit und auch die Demokratie erfunden. Das trifft ja nun leider nicht zu, und es wäre schon viel getan, wenn wir nicht allzu laut anderen Vorträge über Freiheit und Demokratie hielten, zum Beispiel den Italienern, den Spaniern und Franzosen, die wir vor etwas warnen zu müssen glauben, das nun wirklich deutscher Sprache und deutschem Boden entsprungen ist: dem Marxismus; und wissen doch auch, daß in den genannten Ländern freie Wahlen stattgefunden haben; und sollten doch auch nicht vergessen, welcher Art die Befreiungen waren, die die Deutschen anderswo verursacht, an denen sie teilgenommen haben.

Möglicherweise liest mancher Deutsche den Archipel GULAG nicht, um an den Leiden derer teilzunehmen, denen dieses Monument gewidmet ist, sondern um die Greuel der eigenen Geschichte zu vergessen. Wo welches Deutschland als das häßliche oder häßlichere empfunden wird, das ist ein kompliziertes Wechselspiel zwischen Ost und West. Geliebt werden wir kaum irgendwo, das ist kein Grund zur Freude oder gar zum Triumph, am wenigsten für uns Autoren, aus Gründen, die ich vorhin anzudeuten versuchte.

Manchmal fürchte ich, daß wir, die Gelehrigen, die Übereifrigen, möglicherweise dazu ausersehen sind, letzten Endes die Dummen zu sein; daß wir nicht auf dem Schlachtfeld, sondern als Schlachtfeld wiedervereinigt werden - daß da irgendwo einer sich ins Fäustchen lacht, wenn wir mal wieder Todeswaffen so freudig begrüßen.

Mir ist das unheimlich, was da so alles gesagt, zurückgenommen, noch einmal gesagt, wieder zurückgenommen - und dann doch wieder vorgezeigt wird. Ich weiß, daß in allen Generalstäben der Welt alle möglichen und unmöglichen Pläne ausgearbeitet werden, die nie verwirklicht werden; daß dies alles potentiell ist, aber potentiell ist es; es kann einem bange werden, und Bangigkeit wird ja wohl erlaubt sein, Bangigkeit auch vor der enthusiastischen Begrüßung immer neuen Tötungspotentials.

Vielleicht, lieber Reiner Kunze, machen wir Autoren uns am wenigsten vor, wenn wir auch Träumer, Spinner, Toren und Phantasten sein mögen; wir kennen die Sprache, jeder von uns auf seiner Ebene, kennen ihre Schönheit und ihren Schrecken, ahnen, was sie ausdrückt und was sie verbirgt, das Wörtchen "beinahe" oder das

Wörtchen "nur" kann uns bange machen, ein Wimpernzucken uns Angst einjagen, ein Grinsen uns den Tod verkünden, ein Wort, das zur Anordnung umgeformt wird, uns vertreiben.

Die Litanei derer, die die DDR verlassen oder verlassen müssen, wird immer länger - wenn wir mit Rudolf Hagelstange und Theodor Plivier anfangen, ist sie schon lang genug, und die Länge der Litanei sollte uns nicht zum Triumph gereichen, sondern zur Trauer. Ein Land wird ärmer ohne seine Autoren, und an dieser Verarmung kann uns nicht gelegen sein, seien wir froh um jeden, der dort bleiben will und bleiben kann, mag's auch Rivalitäten geben, oft Lausiges gesagt und geschrieben werden; ärmer wird man um jeden, der da gehen muß, und die Schadenfreude, die der eine oder andere vorübergehend empfinden mag, wird rasch giftig.

Ich frage mich nur: Wen - außer uns - interessiert das schon, was die Deutschen da miteinander anstellen, hier wie dort? Wen, außer einer kleinen Schar humanistisch gesinnter Internationaler, von ebenjener Sorte, die hierzulande, wo man Humanismus schon mit Humanitätsduselei gleichzusetzen beginnt, so wenig Ansehen genießt? Die Blindheit, mit der die paar internationalen Sympathien zerstört werden, ist schon atemberaubend.

Mir fiel auf: es gibt viele Deutsche, die wie Engländer aussehen möchten (daß sie es nie, aber auch nie schaffen, ist eher traurig als lächerlich); Franzosen gibt's wohl, die wie Engländer aussehen möchten, Engländer vielleicht, die wie Spanier aussehen möchten und so weiter: man kann da beliebig Bäumchen-wechsel-dich spielen. Ich fürchte, es gibt kaum einen Ausländer, der wie ein Deutscher aussehen möchte - außer ein paar, die wie Nazis aussehen möchten, aber so wollen wir nun wieder nicht aussehen. Sehen wir also getrost wie Deutsche aus, die deutsche Literatur jedenfalls hat keinen Grund, sich dessen zu schämen.

Keine Blamage fürchtend, wage ich vorauszusagen, daß die "Wunderbaren Jahre" dem, der zu lesen versteht, nicht nur zwischen den Zeilen auch auf ihnen die Welten entdeckt, die sie tragen; der auch das kleinste Wort nicht übersieht, das Wimpernzucken der Sprache noch bemerkt, unbeirrt vom Gedröhn der Schlagzeilen - dem werden die "Wunderbaren Jahre" mehr Auskunft über Deutschland geben, mehr über das Schicksal der CSSR als ganze Fluten von Propagandaliteratur.

Was das Tragen einer Nickelbrille bedeuten kann, ein Etikett in einem Mantel, das in russischer Schrift seine

Herkunft aus der DDR bekundet - welche Folgen die scheinbar nebensächlichen Alltäglichkeiten haben können - und auch das andere, das in "Mein Freund, ein Dichter der Liebe" in einunddreißig Zeilen ausgedrückt ist: daß einer erleichtert sein konnte, weil es nur die Panzer waren, deren Einmarsch ihm mitten in der Nacht mitgeteilt werden sollte - und nicht die nächtliche Ankunft der Geliebten, während seine Frau bei ihm zu Besuch war. Auch das: Leichtsinn und Leichtfertigkeit der Poeten, inmitten einer Katastrophe, vorübergehend wohl, und doch im Augenblick empfunden und ausgedrückt und als Augenblick verewigt, mitten im tödlichen Geschehen eine Lebensäußerung, die eine total verrückte Relation herstellt. Auch das.

Nur, lieber Reiner Kunze: lesen muß gelernt sein, deutsch lesen, im Einbaum versteckt zwischen den brüllenden Propagandaflotten. Reiner Kunze zu lesen ... Zimmerlautstärke noch zu vernehmen. Ich hoffe, daß deutsche Augen und deutsche Ohren noch dazu fähig sind. Erinnern wir uns an die beiden Zeilen aus Hölderlins Gedicht "Gesang des Deutschen":

> Oft zürnt ich weinend, daß du immer
> blöde die eigne Seele leugnest ...

# REINER KUNZE
# Rede zur Verleihung des Georg-Büchner-Preises 1977

Meine sehr verehrten Damen und Herren,
vor zwanzig Jahren, ich war damals wissenschaftlicher Assistent, ließ mich mein Chef zu sich rufen und sagte: "So, Sie schreiben Gedichte!" Er hatte sie gedruckt vor sich liegen. Und nach einer Pause, die ich als sehr lang in Erinnerung habe, sagte er: "Naja, auch Sie werden noch vernünftig werden." Damit war ich wieder entlassen.

Als ich über die heute hier zu haltende Rede nachzudenken begann, wurde mir bewußt, daß bei jener Audienz erstmals ein Leitmotiv erklungen war - noch unter Ausschluß der Öffentlichkeit, piano, ein Solo für Posaune. Die Staatsorchester sollten folgen.

Vernünftig werden. Im Selbstverständnis meines damals wie heute verehrten Chefs hatte das geheißen: Keine Gedichte schreiben. Später bedeutete es: Nur die Gedichte nicht schreiben, die ich schrieb.

Mangelte es mir an Willen zur Einsicht? Ich war so willig gewesen einzusehen, daß ich mich dabei - wie ich später mit Entsetzen begriff - nicht einmal der eigenen Augen bedient hatte.

Woran also hat es gelegen?

Die Stadt unter Ihnen ist plötzlich ein Fisch. Jeder Dachschiefer, rauhreifbedeckt, ist eine Schuppe. Der Schloßberg ist der Kopf, die Tunneleinfahrt das linke Auge. Sie haben sich nicht vorgenommen, die Stadt als Fisch zu sehen. Ihr Unterbewußtsein hat die Realität Stadt und die Realität Fisch miteinander verknüpft und die Verknüpfung dem Bewußtsein signalisiert. Noch nie haben Sie die Stadt als Fisch gesehen. Und wie oft sind Sie diesen Weg zu Ihrer Wohnung schon gegangen. - Dieses diffuse Licht - wie durch eine Eisdecke ... Lautlos, die Stadt. Der Fisch. Ein Fisch im Winter: Bewegungslos. Scheinbar. Ihr Unterbewußtsein ist besser, als Sie denken. Als Sie denken. Über Ähnlichkeiten der äußeren Erscheinung führt es Sie hin zu Wesenszusammenhängen zwischen dieser Stadt in der Tiefe und dem Fisch in der Tiefe. Zumindest beginnen Sie sie zu ahnen.

Sie stehen - ob Sie wollen oder nicht - am Beginn eines Prozesses, an dessen Ende Ihr Gedicht steht.

DEZEMBER

Stadt, fisch, reglos
stehst du in der tiefe

Zugefroren
der himmel über uns

---

Überwintern, das
maul am grund

Maul am Grund. Das Maul halten, sagen die Leute. Und: Grund ist nicht nur der Erd-Grund. Grund bedeutet auch: Antwort auf das Warum, Ursache. Das Maul am Grund. (Dieses Gedicht entstand 1966. Anderthalb Jahre später, hundert Kilometer südlich dieser Stadt, offenbarte ein kurzer gesellschaftlicher Frühling, welche Lippenfühlung ein Volk, das fünfzehn Jahre überwinterte, mit dem Grund - der Erde und den Gründen - haben kann.) - Man wird Ihnen entgegenhalten: Vor den Einfall, die Stadt als einen in der Tiefe stehenden Fisch zu sehen, werden Sie gestellt. Dann aber müssen Sie sich dem Einfall stellen. Der Prozeß, ihn solange Sprache werden zu lassen, bis er in diesen drei Wörtern - maul am grund - aufgeht, unterliegt Ihrem Willen.

Was an diesem Prozeß unterliegt Ihrem Willen?

Sie werden die Bild-Inspiration abklopfen, wie Geigenbauer früher das Holz abgeklopft haben, bevor es gefällt wurde. Entscheiden werden die Qualität des Holzes und die Qualifikation Ihres Gehörs.

Der Bild-Einfall wird sich mit dem auffüllen, was in Ihnen auf ihn hingearbeitet hat: mit Erlebtem, das Sie anders nicht bewältigen konnten. Es wird sich in dem Bild ausformen, und Sie werden dabei eine Haltung zu dem Erlebten gewinnen (Überwintern, das / maul am grund). Sollten Sie sich von einem Bild-Einfall abwenden, weil Sie seine entdeckerische Potenz nicht erkannt haben, wird sich dieser Prozeß auch gegen Ihren Willen vollziehen, und das Bild wird sich wieder und wieder in Ihr Bewußtsein drängen.

Das Gedicht ist für Sie kein Luxus.

Das dichterische Bild, die originäre Verknüpfung weit auseinanderliegender Realitäten, die scheinbar paradox ist (Stadt / Fisch), die aber über die Brücke äußerer Ähnlichkeiten zur Entdeckung einer Wahrheit über eine der Realitäten führt, ist die Ihnen einzig gemäße Art, sich bestimmte Bereiche der Wirklichkeit anzueignen.

Ein Schriftsteller kann nicht vernünftiger werden, als er dabei Schriftsteller sein kann.

Fünfzehn Jahre nach der Audienz bei meinem Chef, der lediglich der Meinung gewesen war, Gedichte seien ein Ausdruck von Infantilität, sagte mir ein Herr in Berlin, eine Mappe mit Rezensionen vor sich: "In den Kritiken steht, daß das, was Sie machen, Literatur ist. Einverstanden. Wenn dem aber so ist, dann können wir zwanzig Jahre ohne Literatur leben. Und dann können wir auch vierzig Jahre ohne Literatur leben." Er gehörte zu jenen Machtausübenden, die die Literatur ausklammern, weil andere sich an sie klammern: ein großer Teil derer nämlich, über die jene Macht ausüben.

Darf ein Schriftsteller überhaupt vernünftig werden wollen?

Auch für manchen Leser ist das Gedicht kein Luxus. Nicht nur in Staaten, in denen Gedichte mitunter wie Kassiber weitergegeben werden. Das poetische Bild leistet überall das Gleiche: Über das Staunen, über die Lust an der Neuartigkeit der Verknüpfung - einem Lustgefühl, in dem ein Stachel von Unlust steckt, weil Gewohnt-Bewährtes plötzlich infragegestellt zu sein scheint, lockt und drängt es den Leser, früher oder später das zu entdecken, was es an Entdeckenswertem bereithält; und das kann bedeuten, daß er in sich selbst zu Entdeckungen gelangt, die ihm ohne das Kunsterlebnis versagt geblieben wären. (Um einer gängigen Meinung zu widersprechen: Kunst braucht, um zu entstehen, nicht immer ein Gegen; auch ein Gegenüber kann inspirieren. Und deshalb vermag sie auch alle Saiten anzureißen, die im Betrachter, Hörer oder Leser gespannt und - gestimmt sind.)

Ich höre den Einwand: Die Tatsache, daß Gedichte wie Kassiber weitergegeben werden, beweist aber doch, daß sie unter den Bedingungen einer politischen Diktatur notwendiger sind als in einer Gesellschaft, in der jeder potentielle Leser eines Gedichts dessen wirklicher Leser werden kann.

Doch ist das Gedicht deshalb weniger notwendig? Und wenn ja, wäre es dann Luxus?

Nach einer Lesung in London - einer Lesung von Gedichten - sagte mir eine Dame: "Ich kann es nicht glauben, und ich will es auch nicht glauben, denn alle meine Erfahrungen sprechen dagegen. Aber nach diesem Abend habe ich das Gefühl, es gibt noch menschliches Glück." Je betäubender der materielle Luxus, desto notwendiger die Besinnung auf die Substanz Mensch.

Um den Begriff der staatsbürgerlichen Verantwortung anzustrengen: Sie besteht für den Schriftsteller darin, auf der Unvernunft zu bestehen, Schriftsteller zu sein und als Staatsbürger die Folgen zu tragen.

Jene Londoner Lesung fand im Mai 1975 statt. Ich war damals noch Bürger des anderen deutschen Staates, und was dieser Reise an dreijährigen Bemühungen der Universität Cambridge und dann an monatelangen Belastungen bis unmittelbar vor Start des Flugzeugs voranging, wäre wohl der Rede, nicht aber einer Rede wert. Nur soviel: Um die Reise zuletzt überhaupt noch antreten zu können, mußte ich von abends siebzehn Uhr bis morgens drei Uhr durch Injektionen buchstäblich auf die Beine gestellt werden. Die Folge war, daß ich, als die Wirkung der Medikamente nachlies, in London lebensgefährlich erkrankte. Die von meinem Gastgeber benachrichtigten Ärzte rieten bereits am Telefon: King's Hospital - das war das nächstgelegene Krankenhaus. Eine Besucherin, die den zweiten Botschafter der DDR in London kannte und mit seiner Familie befreundet war, erbot sich jedoch, diesen zu informieren. "Ihre Botschaft wird sich sofort für Sie einsetzen", sagte sie. Als sie vom Telefon zurückkam, war sie blaß und verstört. Der Botschafter habe zurückgefragt: "This writer?" und als sie, erfreut, daß er wußte, von wem sie sprach, bestätigt habe,ja, es handle sich um den Schriftsteller Reiner Kunze, sei die Stimme des Herrn vereist, er sei ungehalten geworden und habe es abgelehnt, daß sich die Botschaft der DDR für mich verwende.

Meine Damen und Herren, für die Verleihung des Georg-Büchner-Preises zu danken, bedeutet für mich mehr, als nur dem Anstand zu genügen.

Habe ich an Büchner vorbeigesprochen?

Ich danke Ihnen.

Reiner Kunze während einer Diskussion mit Schülern

## REINER KUNZE
## Ansprache anläßlich der Aufnahme in die Deutsche Akademie für Sprache und Dichtung

Herr Präsident, meine Damen und Herren, zum Akademiemitglied wird man bekanntlich nicht unmittelbar vom lieben Gott gekürt. Die Kürenden haben nicht einmal Flügel, zumindest keine sichtbaren. Nur jemand, der nie an einer Akademiesitzung teilgenommen hat, könnte meinen, Akademien seien eine Art Vorhimmel. Zum Akademiemitglied wird man von Kollegen gewählt, von gleichgesinnten oder wohlgesonnenen, und so bin ich - und ich stehe ja hier, weil ich Ihnen sagen soll, wer ich bin - Ihr Schuldner.

Aus den erzgebirgisch-vogtländisch-thüringischen Wäldern kommend, bin ich wieder in den Wald gegangen - nach Niederbayern, ans Ufer der Donau unterhalb von Passau, das bekannt ist für seine Überschwemmungen, und angesichts dieser Gefahren und solcher Entfernung von Deutschland ist es tröstlich, ordentliches Mitglied der Deutschen Akademie für Sprache und Dichtung zu sein.

Ich bin Ihr dankbarer Schuldner.

Langeweile ist das Fegefeuer für den Geist, und um nichts zu tun, wodurch die Akademie eine Art Vorhölle werden könnte, möchte ich darauf verzichten, Ihnen meine biographischen Daten zu offerieren.

Und sonst: Weiß ich so genau, wer ich bin?

Ich habe einmal ein Haus angestrichen, ein kleines Bauernhaus, ein sogenanntes Altenteil, das wir unter der Bedingung, es instandzusetzen, billig vermietet bekommen hatten. Ich hatte noch nie ein Haus angestrichen. Die Besitzerin lieh mir einen ausgedienten Wurstkessel und wies mich darauf hin, daß ich den Kalk über Nacht weichen lassen müsse. Mein Vater, gelernter Klempner und überwiegend als Steinkohlenbergmann tätig gewesen, riet mir, zwei Handvoll Salz hinzuzugeben. Außerdem hatte ich verschiedentlich beobachtet, daß der Maler solange Farbpulver beimischt, bis ihm der Farbton zusagt, und so kaufte ich anderthalb Kilo Trockenfarbe Ocker-hell und tat, wie mir geheißen. Als ich alles Pulver zugesetzt hatte - die nächste Drogerie war fern -, begann ich zu streichen.

Tags darauf führten auf dem gegenüberliegenden Hang

eine Bäuerin und die erwachsene Tochter unserer Wirtin beim Rübenverziehen folgendes Gespräch:

"Welchen Maler hat denn Euer Haus angemalt?"

"Das war der Herr Kunze."

"Ob der unser Haus auch machen würde? So einen Ockerton hat's im Dorf überhaupt noch nicht gegeben!"

"Der Herr Kunze ist doch kein Maler."

"Dann hat er aber Maler gelernt."

"Soviel ich weiß, hat er studiert, und dann war er Lehrer an der Universität."

"Du willst mir doch nicht weismachen, daß jemand, der kein Maler ist, so einen Ockerton zustandebringt! Das schafft doch der zehnte Maler nicht!"

"Der Herr Kunze ist Schriftsteller."

"Na, was sich heute so alles Schriftsteller nennt."

# II

## HEINER FELDKAMP

# Entfernungen von einem Wort zum anderen
## Selbstverständnis, Ästhetik und Poetik Reiner Kunzes

I.

> Dichter ähneln bekanntlich, soweit sie ihren Beruf ausüben, Kindern: sie sind extrem verletzlich, sie sind neugierig, sie sind spiellustig und können nicht ernsthaft lügen.
> (Reiner Kirsch)

Es sind mehrere Anlässe, biographische und werkgeschichtliche, die diese eher kursorischen und synoptischen Bemerkungen zu Werk und Person des Schriftstellers Reiner Kunze angebracht erscheinen lassen. In diesem Jahr feiert Reiner Kunze seinen 50. Geburtstag. Vor genau 30 Jahren publizierte Kunze erste Gedichte in Zeitschriften (1). Seit gut 20 Jahren lebt Kunze als freier Schriftsteller, d.h., seit zwei Jahrzehnten ist Schreiben seine Profession (2). Kunzes letzte Buchpublikation in der DDR liegt 10 Jahre zurück; die Sammlung ausgewählter Gedichte "Brief mit blauem Siegel" erschien 1973 bei Reclam in Leipzig. Nach Kunzes Übersiedlung in die Bundesrepublik im April 1977 sind auch bereits mehr als fünf Jahre vergangen. Anlässe genug, um einen Überblick zu versuchen über die Entwicklung und die Veränderungen von Kunzes ästhetischen und poetischen Positionen und um sein Selbstverständnis als Schriftsteller zu skizzieren, wobei verschiedene Phasen der Lyrikdiskussion in der DDR und die Neuorientierung Kunzes in der Bundesrepublik zu berücksichtigen sind. Kunze hat in zahlreichen programmatischen Reden (3), in vielen Interviews (4) und in prägnanten Statements (5) wiederholt Auskunft gegeben, so daß eine Standortbestimmung möglich geworden ist. Zu dieser Standortbestimmung, die auch als Prozeß zu begreifen ist, sollen neben diesen nichtpoetischen Äußerungen Kunzes auch immer wieder seine Gedichte herangezogen werden, vor allem jene mit poetologischem Charakter (6). Dabei, das sei hier mit einem gewissen Bedauern festgestellt, kommt die Vieldeutigkeit und Vielstimmigkeit der Gedichte zwangsläufig zu kurz, wenn nur ihr poetologischer Aussagewert das Erkenntnisinteresse bestimmt. Diese Art des Vorgehens scheint andererseits eine gewisse Berechtigung zu haben, denn die Zahl der Gedichte Kunzes, die Dichtung, Dichter und Gedicht zum

Thema haben, ist ungewöhnlich groß. Ja, das Gedicht selbst wird oft zum Ort, wo die Poesie, wo der Freiraum des Gedichts, dessen Autor und Leser bedürfen, verteidigt wird. Diese Verteidigung der Poesie (7) und die Entwicklung des Schriftstellers Reiner Kunze, die nicht linear, sondern widersprüchlich verlaufen ist, läßt sich aber nur verstehen, wenn man sie vor den Hintergrund der DDR-Literatur und deren gesellschaftlicher Funktion (8) stellt und wenn man Kunzes poetologischen Standpunkt in Beziehung setzt zur Theorie der modernen Lyrik (9), die sehr stark von der Reflexion über die Entstehung des Gedichts geprägt ist. Gerade Kunzes Selbstverständnis muß unverständlich bleiben, wenn man die besondere Rezeption von Literatur, speziell von Lyrik, in der DDR der 60er und 70er Jahre außer acht läßt (10). Die vereinfachenden und populären Beiträge zu Leben und Werk Reiner Kunzes, die eine simple Identität zwischen Gedicht und Biographie herbeizureden versuchen, sind so zahlreich wie überflüssig, weil sie alles Historische, Ästhetische und Poetische übergehen (11).

Wie bereits erwähnt, veröffentlicht Reiner Kunze als knapp Zwanzigjähriger 1953 seine ersten Gedichte in Literaturzeitschriften. Es folgen bis 1960 zwei Gedichtbände, Feuilletons und ein poetologischer Aufsatz. Diese Texte markieren eine erste Phase (12) im Werk des Schriftstellers Reiner Kunze, die hier kurz auf ihre ästhetische und ideologische Position hin befragt werden soll. Kunze selbst hat diese Texte später im Rückblick als "Produkte eines poetologisch, philosophisch und ideologisch Irregeführten" (13) bezeichnet. Dennoch gehören sie zu einem - widersprüchlich verlaufenen - Entwicklungsprozeß und sind, wie Kunze selbst sagt, "etwas Gewachsenes, ein Stück Entwicklung" (14). Wesentliche Bedeutung hat für diese Phase der soziokulturelle Hintergrund. Zum einen Kunzes soziale Herkunft aus dem Bergarbeitermilieu und zum andern die Aufbauphase des sozialistischen Arbeiter-und-Bauern-Staates.

In dieser ersten Phase haben wir es mit Gedichten zu tun, die vorgegebene Ideen illustrieren und sich mit jedem Vers in den Dienst einer Ideologie stellen. Die Funktionsästhetik bestimmt Form und Sprache des Gedichts und das Selbstverständnis des Dichters. Was Kunze seinen Feuilletons dieser ersten Phase vorausgeschickt hat, trifft ebenso zu auf sein Gedicht: "Es betont den Vorrang des Wir vor dem Ich ... bemüht sich, den Menschen an unserer Seite spüren zu lassen, daß er in die sozialistische Gemeinschaft hineinwächst. Es will auf seine Weise die Vielfalt unserer Umwelt widerspiegeln. Geboren aus unserer Gesellschaft, will es bewegen, verändern, erziehen. Die Gefühle und den Verstand. Es will zum sozialistischen Denken und Fühlen hinführen." (15) Der funktionalistischen und kollektiven Ästhetik dieser Zeit entspricht eine traditionelle, volksliedhafte Gedichtform, die Affirmation, Panegyrik und Agitprop transportiert. Die Kriterien des Sozialistischen Realismus werden allenthalben erfüllt: Parteilichkeit, Volksverbundenheit, Fortschritts- und Technikgläubigkeit, positive Helden, Optimismus, Kollektivbezogenheit und idealisierende Widerspiegelung der gesellschaftlichen Wirklichkeit.

Aber einige Texte aus dem Jahre 1959 sprengen bereits den Rahmen dieses realistischen Bildes und weisen voraus in eine Richtung, die von vielen Lyrikern Anfang der 60er Jahre in der DDR eingeschlagen wird. In seinem 1959 gehaltenen Referat mit dem bezeichnenden Titel "Über die Lyrik als dichterisches Heldendasein des Lyrikers und des Volkes" (16) ist in Zwischentönen bereits herauszuhören, daß Kunze zu einer Ästhetik der Subjektivität und der Autonomie neigt, aber er verstellt diese Position noch unverkennbar durch ein ideologisches Vokabular und durch Zitate der Autorität Johannes R. Becher. Auffallend ist außerdem, worauf später noch zurückzukommen ist, welch große Rolle der Leser im Selbstverständnis des Schriftstellers Reiner Kunze einnimmt.

Auf die menschliche, politische und ästhetische Umorientierung Kunzes soll hier nicht genauer eingegangen werden (17). Aber drei Gedichte aus dem Jahre 1959, "Ethik", "Hymnus auf eine Frau im Verhör" und "Am Briefkasten" (18) bekunden bereits die Existenz einer kritischen Stimme, die fortan den Ton angeben wird. Der Schritt, ja der Sprung vom Kollektiv zum Individuum, von der Funktionsästhetik zur Autonomieästhetik, betrifft Selbstverständnis wie Menschenbild Kunzes gleichermaßen.

ETHIK
Im mittelpunkt steht
der mensch

Nicht
der einzelne
(19)

II. Das ist ja der Poeten Amt, daß sie das Üble mit Bitterkeit verfolgen.
(H. J. Schädlich)

Reiner Kunzes Umorientierung Anfang der 60er Jahre erfolgt gleichzeitig mit einer Neuorientierung der Lyrik in der DDR, die von einer Schriftstellergeneration initiiert wird, die zwischen 1933 und 1940 geboren wurde. Stellvertretend seien hier genannt: Karl Mickel, Volker Braun, Sarah und Rainer Kirsch, Bernd Jentzsch, Wulf Kirsten und Wolf Biermann. Auf einer Lesung im Dezember 1962 in der Berliner Akademie der Künste stellte Stephan Hermlin einige dieser jungen Lyriker vor, die dann wesentlich dazu beitrugen, daß die DDR-Literatur im und über den deutschsprachigen Raum hinaus starke Beachtung fand. Für die meisten Autoren dieser mittleren Generation sind bestimmte Merkmale charakteristisch. Einige absolvierten ein Studium am Leipziger "Literaturinstitut Johannes R. Becher", andere - wie Reiner Kunze oder Bernd Jentzsch - studierten Literaturgeschichte oder Germanistik. Fast alle Autoren dieser Gruppe von Lyrikern haben Gedichte aus anderen Sprachen, zumeist osteuropäischen, übersetzt und sich dadurch mit der europäischen Moderne auseinandergesetzt, was nicht ohne Einfluß auf ihr eigenes Selbstverständnis und ihre ästhetischen Positionen blieb, die sich immer deutlicher von der normativen Ästhetik des Sozialistischen Realismus abzulösen begannen (20). Hervorzuheben ist ferner der Gruppencharakter dieser Autoren, der ein wenig an romantische Zirkel und an fraternales Dichten erinnert. "Nirgends in der neueren deutschsprachigen Literatur gibt es so viele Gedichte, wo Kollegen an Kollegen sich wenden, sich gegenseitig zitieren, erinnern, ermahnen oder ein Porträt zeichnen." (21) Durch diese poetische Solidarität ermutigt und bestätigt, gelangten diese Lyriker zu immer stärkeren individuellen und subjektiven Ausdrucksformen, die zu einer "Rehabilitierung des Ich" (22) in der DDR-Literatur führte. "So tauscht Lyrik die ursprünglich aufklärende, antwortgebende Funktion gegen eine mehr fragende Haltung ein. Anstatt zum Leser in ein pädagogisches Verhältnis zu treten und aus wissender Distanz das Besondere mit dem Allgemeinen zu vermitteln, schlägt sich die neuere Lyrik mitunter demonstrativ auf die Seite des fragenden Subjekts." (23)

Diese Beobachtungen, die hier sehr verkürzt dargestellt wurden, lassen sich im besonderen bei Reiner Kunze und seiner Lyrik machen.

## III. Von der Brücke jedes neuen Verses ... (Reiner Kunze)

Anfang der 60er Jahre beginnt Kunze aufgrund längerer Aufenthalte in der CSSR tschechoslowakische Lyrik zu übersetzen (24). Das Erlebnis der Menschen, der Landschaft und der Dichtung der Tschechoslowakei verändert Kunzes Selbstverständnis und Form, Sprache und Inhalt seiner Gedichte zunehmend. "Das Eindringen in die dichterische und philosophische Welt, für die mir die tschechische Poesie das Tor war, bewirkte erst einmal, daß ich mit der Zeit wieder zu mir selbst fand, bewirkte das Einswerden als Schreibender und Seiender" (25), stellt Kunze rückblickend fest. Die Neuorientierung läßt sich erstmals deutlich ablesen an Kunzes Band "Widmungen", der 1963 erschien. Viele dieser Gedichte sind tschechoslowakischen Dichtern gewidmet, was durchaus auch als Ausdruck poetischer Verwandtschaft mit Lyrikern wie Skácel, Obrtel, Holub und Kundera zu verstehen ist.

Die moderne tschechische Lyrik, die in der Tradition des tschechischen Poetismus, einer spezifischen surrealistischen Ästhetik, steht, bringt den Gedichten Kunzes aus dieser Zeit viele Neuerungen: das beginnt bei der gemäßigten Kleinschreibung, deren sich Kunze fortan bedient. Poetische Bilder und eine starke Emotionalität bereichern den Vers. Freie Rhythmen erzeugen einen Spannungsbogen, der selbst lange Gedichte zusammenhält. In Landschafts- und Liebesgedichten artikuliert sich ein Ich, das sich seiner selbst zu vergewissern sucht. In zahlreichen Gedichten werden aber auch poetologische

Reiner Kunze mit Ernst Jandl (r.) im Oktober 1979

Fragestellungen aufgeworfen, die sich gegen jede Schwarzweißmalerei in der Kunst wenden. In dem 1962 geschriebenen, Jan Skácel gewidmeten Gedicht "Horizonte" heißt es geradezu programmatisch: "Ich bin des regenbogens angeklagt, / und die großen farben Schwarz und Weiß / sitzen in vielen häusern / meiner stadt ... Zwischen den großen farben Schwarz und Weiß aber / ist eine große lücke. / Durch diese lücke floh ich" (26). Das kleine Wörtchen "aber" manifestiert den Widerspruch gegen eine Kunstauffassung, die nicht das gesamte Spektrum ästhetischer und poetischer Artikulationsformen umfaßt. Dieser Widerspruch blieb nicht ohne Folgen. Kunze sah sich Mitte der 60er Jahre vielen Angriffen und zensorischen Maßnahmen des Staates ausgesetzt (27), worauf hier nicht detailliert eingegangen werden kann. Das vielzitierte, 1965 entstandene Gedicht "Dreiblick" gibt bittere Auskunft über das allseitige Verschweigen, über das Totgeschwiegenwerden: "Ausgesperrt aus büchern / ausgesperrt aus zeitungen / ausgesperrt aus sälen" (28). Ebenfalls 1965 werden in der Literaturzeitschrift "Neue Deutsche Literatur" einige wichtige Aussagen Kunzes zur Poesie gedruckt, die hier genauer zu untersuchen sind und die zeigen, daß Heinz Pionteks Behauptung, Kunze habe von den DDR-Lyrikern der mittleren Generation die strengste Auffassung von dem, was Kunst sei und zu sein habe (29), nicht unzutreffend ist. In seinen fünf Anmerkungen "Maß-Stab und Meinung" schreibt Kunze: "Poesie soll einfach sein. Sie kann aber nicht einfacher sein, als es die Genauigkeit erlaubt." (30) Kunze relativiert damit die Forderung des Sozialistischen Realismus nach Verständlichkeit durch den Begriff Genauigkeit, der zweifellos auch zum Inventar realistischer Kunstauffassungen zu zählen ist, der jedoch, so wie ihn Kunze hier verwendet, das Widersprüchliche der Realität umfaßt und sich gegen Vereinfachung und Idealisierung wendet. Bemerkenswert an diesen Anmerkungen Kunzes zu seinem Poesieverständnis ist ferner, daß er dem Menschen so etwas wie ein poetisches Existential zuschreibt: "Jeder Mensch mit gesunder Vernunft verfügt über A n l a g e n, sich Poesie zu erschließen. Er ist sozusagen auf den Weg geboren, der zur Poesie führt ... es hängt vom Grad der Bewußtheit ab, mit der er seine Zeit und die Poesie seiner Zeit erlebt, mit der er sich in seiner Fähigkeit, in Bildern zu denken, vervollkommnet und die gegebenen Möglichkeiten nutzt, Einsichten in wesentliche Zusammenhänge des menschlichen Lebens zu gewinnen." (31) Bereits in diesen Anmerkungen Kunzes aus dem Jahre 1965 werden wesentliche Konstanten seines Kunstverständnisses sichtbar, die bis heute maßgebend sind: bewußte Zeitgenossenschaft, das Denken in Bildern und das Interesse an existentiellen Fragen und Zusammenhängen. Dieses Kunstverständnis steht nicht zufällig in der Tradition klassisch-idealistischer Dichtung, denn wesentlicher Bestandteil der DDR-Kulturpolitik ist das kulturelle Erbe, d.h. vor allem die Reklamierung der deutschen Klassik. Zweifellos ist Kunzes Selbstverständnis von dieser Hochschätzung der deutschen Klassik nicht unbeeinflußt geblieben, was unter anderem das Gedicht "Elegie" aus dem Jahre 1966 bestätigt. Die genaue Datierung der Gedichte durch Kunze ermöglicht es, das Entstehen des Oeuvres als komplexen und widersprüchlichen Prozeß zu erfassen, dessen Geschichtlichkeit augenscheinlich wird.

1966 ist das Jahr, in dem das Erscheinen der Lyrikanthologie "In diesem besseren Land" (32) eine Lyrik-Debatte in der FDJ-Zeitschrift "Forum" auslöst, die bis in die 70er Jahre hineinreicht (33) und die in ihrer Intensität und Vielstimmigkeit ihresgleichen sucht. In diesem Jahr erscheinen auch wichtige Gedichtbände von G. Kunert, K. Mickel und U. Greßmann. Kunzes Publikationsmöglichkeiten in dieser Zeit sind gleich Null. Erst 1969 erscheint in seinem Gedichtband "Sensible Wege", der bei Rowohlt in Reinbek herausgebracht wird, das Gedicht "Elegie" (34).

ELEGIE

Weimar totenglöckchen
an der deutschen eiche

Du läutest
zur Fürstengruft

Du läutest
zum Ettersberg

Du
läutest

Wo aber bleiben
die vögel

Das gesamte Beziehungs- und Anspielungsgeflecht dieses Gedichts kann hier nicht offengelegt werden (35). Vor-

Reiner Kunze mit Elias Canetti (links)

Reiner Kunze mit Jean Amery (links)

rangig soll die Frage nach seinen Aussagen zum Selbstverständnis und zur Ästhetik Kunzes sein. Weimar, Stadt der deutschen Klassik und kulturelle Hauptstadt der DDR, erscheint im Gedicht "Elegie" als museale Totenstadt, als läutende Totenglocke vor der Gruft der Dichterfürsten Goethe und Schiller und vor den Massengräbern des KZ's Buchenwald bei Ettersberg. In dieser Grabes- und Totenstille fragt Kunzes Gedicht unmißverständlich nach der Gegenwart und ihrer (literarischen) Lebendigkeit, es fragt nach Unterdrückung und Totschweigen von Schriftstellern in einer Gesellschaft, die das klassisch-kulturelle Erbe derart umzufunktionieren droht. Wenn das Gedicht nach dem Verbleiben der Vögel fragt, so ist das ganz im Sinne von Goethes Gedicht "Der Sänger" gemeint (36), in dem es heißt: "Ich singe, wie der Vogel singt, / Der in den Zweigen wohnet;". Autonomieästhetik und Subjektivität der Poesie, wie sie von den Weimarer Klassikern artikuliert wurden, macht sich Kunze zu eigen und stellt sie als elegische Frage an die maßgebenden Kulturpolitiker seines Landes. Vor allem wegen dieses Gedichtes wurde Kunze nach Erscheinen des Gedichtbandes "Sensible Wege" auf dem VI. Schriftstellerkongreß der DDR im Mai 1969 vom damaligen Vizepräsidenten des Schriftstellerverbandes Max Walter Schulz heftig angegriffen (37) und eines "aktionslüsternen Individualismus'" bezichtigt.

Ebenfalls im Jahre 1966 hat Kunze das Gedicht "Dezember" (38) geschrieben.

DEZEMBER

Stadt, fisch, reglos
stehst du in der tiefe

Zugefroren
der himmel über uns

---

Überwintern, das
maul am grund

Dieses eindrucksvolle Gedicht, das beispielhaft ist für Kunzes Ästhetik der Reduktion und für seine Metaphorik des poetischen Bildes, ist gestaltete Realität, nicht Widerspiegelung oder Abbildung. Karl Corino ist zuzustimmen, wenn er über Kunzes Lyrik dieser Jahre schreibt: "Die Gedichte sind knapper geworden, mitunter komprimiert auf zwei oder drei Zeilen ..., ohne deshalb kümmerlich zu werden. Im Gegenteil: Das Schweigen, das Schweigen-Dürfen, das Schweigen-Müssen wird Gestalt." (39)

IV.

> Mein Freund sah die größeren Zusammenhänge. "Siehst du denn nicht, daß in dem Jungen ein Künstler steckt?" sagte er. "Der Junge hat Mut zum Niegesehenen. Er verknüpft die Dinge so miteinander, daß wir staunen. Er hat schöpferische Ausdauer. Vielleicht wird aus ihm sogar ein Dichter, wer weiß."
> (Reiner Kunze)

Die Entstehungsgeschichte des Gedichtes "Dezember" nimmt Kunze zum Anlaß, um in seiner programmatischen Rede zur Verleihung des Büchner-Preises exemplarisch darzulegen, wie (s)ein Gedicht entsteht. Damit stellt sich Kunze in die Tradition der lyrischen Moderne, über die Hugo Friedrich schreibt: Die "dichtungstheoretische Reflexion" entspringt der "modernen Überzeugung, daß das poetische Tun ein Abenteuer des operierenden und dabei sich selber zusehenden Geistes ist, der mit der Reflexion über sein Tun die poetische Hochspannung sogar verstärkt." (40) Im wesentlichen bewegt sich die "Theorie der modernen Lyrik" (41) zwischen zwei Positionen, zwischen Inspiration und Kalkül. Auf der einen Seite ist man der Auffassung, daß ein Gedicht entstehe, auf der anderen Seite herrscht die Meinung vor, ein Gedicht werde gemacht. Vom kalkulierbaren Machen des Gedichts gehen in ihrer Theorie der modernen Dichtkunst zahlreiche Lyriker aus, insbesondere seit Baudelaire - in dessen Tradition auch Gottfried Benn gesehen werden muß - die Poetik E.A. Poes adaptierte und die Maxime aufstellte, daß ein Gedicht zu konstruieren sei wie ein mathematischer Lehrsatz. Andere Lyriker hingegen halten an der Inspiration fest und vertrauen sich ganz dem "poetischen Unterbewußtsein" an, wie etwa die surrealistischen Strömungen der Moderne, zu denen auch der spezifisch tschechische Poetismus eines Nezval oder Teige (42) gehört. Kunze selbst hat Anfang der 70er Jahre auf bestimmte, für ihn wichtige Traditionen innerhalb der lyrischen Moderne hingewiesen: "Ich sehe mich in der Tradition des poetischen Bildes, wie es von Lorca definiert wurde. Die nachhaltigsten literarischen Impulse verdanke ich der modernen tschechischen Poesie, vor allem den Gedichten Jan Skácels." (43)

F. Garcia Lorca hat sein Programm des poetischen Bildes in der Rede "La imagen poética en Don Luis de Góngora" (Das dichterische Bild bei Don Luis de Góngora) formuliert, indem er den spanischen Dichter Góngora (1561 bis 1627) anläßlich seines 300. Todestages einen "Vater der modernen Lyrik" nannte, seine dichterischen Techniken beschrieb und als beispielhafte darstellte. (44)

An den Anfang seiner Rede auf Góngora stellte Lorca die These: "Ein dichterisches Bild ist immer eine Sinn-Übertragung" (45), womit er auf den etymologischen Ursprung des Wortes Metapher anspielt. Diese Sinn-Übertragungen, die Verbindungen zwischen Bildern sind, bestimmen nach Lorca die Qualität und Dauer einer Dichtung. "Ein Dichter", so postuliert er, "muß Lehrer der fünf körperlichen Sinne sein ..., um Herr der schönsten Bilder werden zu können, muß er die Verbindungstüren zwischen allen öffnen, recht häufig ihre Empfindungen übereinanderschichten und - sogar ihre Beschaffenheit verhüllen." (46) Bei dieser synästhetischen Verknüpfung von Sinneseindrücken hat das Optische den Vorrang vor den anderen Sensorien. Alle poetischen Bilder eröffnen sich im Visuellen. "Die Metapher", sagt Lorca, "verbindet zwei entgegengesetzte Welten mit einem Reitersprung der Bildvorstellungskraft." (47) Lorca hält in seiner Poetologie an der Inspiration fest, doch relativiert er sie, indem er sie in Beziehung setzt zum eigentlich Schöpferischen, dem Gestalten: "Der Zustand der Eingebung ist ein Zustand der Sammlung, aber kein schöpferischer Dynamismus. Man muß die Vision der Idee ruhen lassen, damit sie sich klärt. Ich glaube nicht, daß ein großer Künstler in fiebrigem Zustand arbeitet ... Die Inspiration gibt das Bild, nicht aber das Kleid. Und um sie zu bekleiden, muß man die Qualität und den Klang des Worts mit Gleichmut und ohne gefährliche Leidenschaft betrachten." (48)

Hatte Lorca seinen poetologischen Standort gefunden, indem er das Werk seines berühmten Landsmannes Góngora gedeutet hatte, so gibt Reiner Kunze seinen Standort zu erkennen, indem er das Bild "Wintereisenbahnerhochzeit" des bekannten Naiven Malers Jan Balet interpretiert. (49) Kunze geht bei seiner Interpretation von der Frage aus, mit welchen künstlerischen Mitteln Balet die poetische Qualität seines Bildes erzielt habe, und er kommt dabei zu einem Ergebnis, das dem Lorcas sehr ähnlich ist: "Balet verknüpft Wirklichkeitsbereiche miteinander, die einander auszuschließen scheinen, oder zwischen denen zumindest große Entfernungen liegen ...

Die Dinge dagegen, die in der Wirklichkeit und also in unserer Vorstellung eng beieinanderliegen, verknüpft der Maler scheinbar widersinnig miteinander." (50) Die Wirkung dieser Verknüpfungen auf den Betrachter beschreibt Kunze so: "Die Neuartigkeit und Paradoxität dieser Verknüpfungen machen uns staunen und erzeugen jene Spannung in uns, die jedes Poesieerlebnis auszeichnet: es drängt uns zu entdeckerischer Aktivität, zur Aufdeckung des Geheimnisses, das sich hinter dieser faszinierenden Paradoxität verbirgt." (51)

1977 wählte Reiner Kunze, wie bereits erwähnt, einen anderen Weg, um seinen poetologischen Standort zu beschreiben. Er zeigte an einem eigenen Gedicht, dem Gedicht "Dezember", wie aus einem Bildeinfall ein poetisches Bild wird und wie dieses Bild dann zum Zentrum eines Gedichts werden kann. Dieser "Selbstinterpretation" ist stets eine Gefahr eigen, die Hans Magnus Enzensberger einmal so benannt hat: "Der Verfasser, der sein Produkt selber kommentiert, spricht sich sein eigenes Urteil, wenn er das Gedicht aus der poetischen in eine andere Sprache rückübersetzt." (52) Nun, im Fall seiner Büchner-Preis-Rede geht es Kunze weniger um eine Rückübersetzung als vielmehr um eine poetologische Standortbestimmung, die den Leser zwar auf die Spur setzt, ihm aber den Interpretationsspielraum nicht beschneidet. Das Gedicht "Dezember" enthält mehr, als der Autor andeutet.

In seiner Rede geht Kunze von der Bildinspiration als einem Vorgang im Unterbewußtsein aus: "Die Stadt unter ihnen ist plötzlich ein Fisch ... Sie haben sich nicht vorgenommen, die Stadt als Fisch zu sehen. Ihr Unterbewußtsein hat die Realität Stadt und die Realität Fisch miteinander verknüpft und die Verknüpfung dem Bewußtsein signalisiert ... Ihr Unterbewußtsein ist besser als Sie denken. Als Sie d e n k e n. Über Ähnlichkeiten der äußeren Erscheinung führt es Sie hin zu Wesenszusammenhängen zwischen dieser Stadt in der Tiefe und dem Fisch in der Tiefe." (53)

Diese "unbewußte Verknüpfung" von Bildern ließe sich an vielen Gedichten Kunzes, auch an neueren, die ebenfalls von der Qualität des poetischen Bildes geprägt sind, nachweisen. Stellvertretend sei hier das Gedicht "Passau sticht in See" (54) aus dem Jahr 1979 zitiert, das, verglichen mit dem Gedicht "Dezember" von 1966, auch nur aus sechs Zeilen besteht, das die Realität Stadt mit der Realität Schiff auf unerwartete Weise verknüpft und dessen Farbpalette sich sichtlich aufgehellt hat.

PASSAU STICHT IN SEE

Der dom ein
kreuzmastsegel, an dem, matrosen gleich, stein-
metze klettern

Der schlot des Peschlbräus zeigt rauch, die kessel
stehen unter dampf

In dreier flüsse wasser zielt der bug, ein schiff das
seenot kennt

Die Bildinspiration, so führt Kunze in seiner Büchner-Preis-Rede weiter aus, sei nicht identisch mit dem Gedicht, sondern nur desen Anfang, der wiederum einer bewußten formalen und sprachlichen Gestaltung bedürfe: "Dann aber müssen Sie sich dem Einfall stellen. Der Prozeß, ihn solange Sprache werden zu lassen, bis er in diesen drei Wörtern - maul am grund - aufgeht, unterliegt Ihrem Willen." (55)

Der Poetik Lorcas entsprechend bestimmt Kunze die Besonderheit des poetischen Bildes: "Das dichterische Bild, die originäre Verknüpfung weit auseinanderliegender Realitäten, die scheinbar paradox ist (Stadt/Fisch) ..." (56) Über Lorca hinausgehend, stellt Kunze dann die für sein Dichtungs- und Selbstverständnis entscheidende Frage nach dem Leser und seiner (vom Autor intendierten) Rezeption des poetischen Bildes: "Das poetische Bild leistet überall das Gleiche: Über das Staunen, über die Lust an der Neuartigkeit der Verknüpfung - einem Lustgefühl, in dem ein Stachel von Unlust steckt, weil Gewohnt-Bewährtes plötzlich infragegestellt zu sein scheint, lockt und drängt es den Leser, früher oder später das zu entdecken, was es an Entdeckenswertem bereithält; und das kann bedeuten, daß er in sich selbst zu Entdeckungen gelangt, die ihm ohne das Kunsterlebnis versagt geblieben wären." (57) Das poetische Bild, wie es Kunze versteht und wie es uns in seiner Lyrik begegnet, ist Herausforderung an das "originär-schöpferische" Sprachvermögen des Dichters und das "rezipierend-schöpferische" Verhalten des Lesers bzw. Hörers. (58)

## V.

Mein Gedicht sagt, was ich weiß.
Es fragt dich, was du weißt.
(Ernst Meister)

Ein anderes Gedicht Reiner Kunzes, das Liebesgedicht

"Auf dich im blauen mantel" (59) von 1970, ist über die poetische Bildverknüpfung (Mensch / Komma) hinaus bemerkenswert wegen des besonderen Sprachsinns, der hier zum Ausdruck kommt und ohne den das Gedicht nicht möglich wäre.

AUF DICH IM BLAUEN MANTEL
(für Elisabeth)

Von neuem lese ich von vorn
die häuserzeile suche

dich das blaue komma das
sinn gibt

Das Wörtlichnehmen des Wortes "Häuserzeile" führt dazu, daß sich das Wort "Zeile" sowohl mit "Häuser" als auch mit "Gedicht" oder "Text" kombinieren läßt. Beide Bilderbereiche, Häuserfront und der geschriebene Text oder das Gedicht, werden durch das Verbum "lesen", das wiederum selbst mehrdeutig ist, miteinander verknüpft. In seiner aufschlußreichen Interpretation dieses Gedichts schreibt Otto Knörrich: "Wirklichkeit erscheint als Text, den zu lesen soviel heißt wie ihn auf seinen Sinngehalt zu überprüfen. Daß dieser sich dann im Mitmenschen findet, daß der Mitmensch die Wirklichkeit erst in sinnvoller Geordnetheit erscheinen läßt, so wie das Komma die Zeile oder den Satz, das ist Kern der 'Botschaft', die das Gedicht vermittelt." (60) Neben dem poetischen Bild und seinem außergewöhnlichen Sprachsinn zeichnet sich dieses Gedicht durch einen auffälligen Gestus des Sprechens aus. Die Anordnung der Wörter wird zur Darstellung des Gesagten. Man beachte bei diesem Gedicht den Zeilensprung zwischen zweiter und dritter Zeile, durch den das suchende Lesen besonders augenfällig wird, was außerdem durch die Inversion der ersten Zeile vorbereitet wird.

Kunze will die Wirklichkeit folglich nicht allein mittels des Bildes neuartig veranschaulichen und durch das Bild erfassen, sondern er affiziert das Bewußtsein von Ich und Welt auch durch den Gestus, wodurch er sich wie viele andere Lyriker seiner Generation in die Tradition Brechts stellt. Der Prozeß der poetischen Verdichtung vollzieht sich nicht nur als Anreicherung und Differenzierung von Bildfeldern der Sprache, sondern durch Inversionen, Verknappungen, Synkopierungen, Ellipsen, rhythmischen Verschränkungen, durch das, was Brecht selbst im Unterschied zum metaphorischen Sprechen das "gestische Sprechen" (61) nannte.

Wie dieser Gestus des Sprechens sich in der Lyrik Kunzes manifestiert, ließe sich an vielen Beispielen aus fast allen Phasen, frühen und späteren, belegen. (62) Wiederum paradigmatisch sei hier das Gedicht "Im nacken die vergangenheit" (63) zitiert, das 1979 entstanden ist.

IM NACKEN DIE VERGANGENHEIT

Spaziergang im Taunus
Mitten im wald, den keine
grenze teilt, stellt mich
die grenze:
                der anstand des jägers ein
                wachturm

An der Donau unterhalb von Passau
Die grenze, über die ich blicke
auf Österreichs burg und buchen, ist

nichts als ein fluß

Im ersten Teil des Gedichts wird das Erschrecken des Spaziergängers, sein stockender Atem und sein Stillstand ebenso gestisch vermittelt wie im zweiten Gedichtteil das Aufatmen des ängstlich Ausschau Haltenden.

Kunze nutzt in vielen Gedichten auch die Möglichkeiten von Interpunktion und "typographischer" Gestaltung (Einklammerungen, Gedankenstriche, Auslassungspunkte, Großbuchstaben, Kursivschrift, Verseinrückungen u.a.m.), um verschiedene Sprechweisen, Tonlagen und Inhaltsebenen zu kennzeichnen. Zu nennen ist hier auch die akzentuierende Relation von (überlanger) Überschrift und (gedrängter) Kürze des Gedichts. Wesentliche Bestandteile einer Semantik der Form sind in der Lyrik Kunzes Zeilensprünge, Strophenjambements, Alliterationen und "unscheinbare" Reime. Ja, es wäre eine lohnende Untersuchung, die semantische und gestische Funktion der Konjunktion "und" in Kunzes Gedichten zu prüfen, denn viele Gedichtschlüsse werden mit dieser Konjunktion eingeleitet und dadurch besonders betont und pointiert, sei es als Fazit oder als Frage. Im Gedicht "Mitternacht vorüber" (64) finden sich zahlreiche Varianten des gestischen Sprechens, und auch die Verwendung der Konjunktion "und" nicht als Bindeglied, sondern als Markierung der Zäsur, der Zerrissenheit und des Risses durch die Welt einer Jugendlichen ist zu beachten.

MITTERNACHT VORÜBER

Eine schrift, niedergebogen zur erde

Siebzehn sei sie  Und warum der mensch geboren werde
in dieses leben  Und wenn auch der dichter

ihr's nicht sagen könne, wenn
auch er nicht, dann -

Was weiß er denn ?

Daß ein gutes gedicht warten kann

Doch wie von diesem wissen abgeben, wie
abgeben davon

Dieses Gedicht aus dem Jahre 1980 wurde ganz zitiert, weil es außer den formalen Besonderheiten - man beachte die "versteckten" Reime "erde" - "werde", "wenn" - "denn" und "dann" - "kann" - weiteren Aufschluß über Kunzes Ästhetik und sein Selbstverständnis zu geben vermag. Wichtige Konstituenten dieses Selbstverständnisses waren, wie bereits gezeigt wurde, Autonomie, Genauigkeit und Subjektivität. Das Gedicht "Mitternacht vorüber" ist vor allem auch deshalb von Bedeutung, weil es exemplarisch ist für die Authentizität der Lyrik Kunzes. Kunze selbst hat an anderer Stelle genauere Auskunft über seinen Briefwechsel mit einem jungen Mädchen gegeben und bestätigt, daß auch hinter diesem Gedicht Biographie steht. (65) Authentizität aber braucht Zeit, was vor allem für einen Schriftsteller wie Kunze gilt, der in ein ihm fremdes Gesellschaftssystem übersiedeln mußte: "Ich komme aus einer Welt, die ich bis in die Fasern hinein kenne, aus denen sie gewebt ist, in eine Welt, die ich nicht kenne, und ich kann nicht sagen, ob ich eines Tages so tief in diese Welt eingedrungen sein werde, daß ich weiß, was in den Menschen vorgeht. Wenn ich aber nichts zu sagen haben sollte, werde ich nichts sagen. Wenn man Schriftsteller sein will, muß man sich auch zu der Konsequenz durchringen, nicht unbedingt Schriftsteller sein zu wollen." (66) In dieser Aussage Kunzes kurz nach seiner Übersiedlung in die Bundesrepublik im April 1977 wird der ganze Ernst und die Moralität seines Selbstverständnisses erkennbar. Zudem mag es in einer Welt der Akzeleration seltsam anmuten, wenn der essentielle und existentielle Rat eines Schriftstellers lautet: "Daß ein gutes gedicht warten kann." Auch an anderen Stelle hat Kunze auf diese Grundvoraussetzung seines dichterischen Schaffens aufmerksam gemacht (67). Eng verbunden mit dieser Forderung nach Zeit zum "Ausschweigen" der Worte ist Kunzes lyrisches Sprechen in "Zimmerlautstärke". Zur ästhetischen Qualität seiner Gedichte gehört die leise Stimme, der Verzicht aufs Deklamieren und Propagieren. Manfred Jäger sprach in diesem Zusammenhang zutreffend von einer "Apologie der Stille", die auch in Kunzes letztem Gedichtband "auf eigene hoffnung" fortgeführt wird. Im Gedicht "Schreibtisch am fenster, und es schneit" von 1980 stehen die Zeilen: "Euren tadel, daß ich zeit vergeude / weise ich zurück // Stille häuft sich an um mich / die erde fürs gedicht." (68) Nachdrücklich sei an dieser Stelle auf weitere "Schreibtischgedichte" Kunzes hingewiesen, Gedichte, in denen der Arbeitsplatz des Schriftstellers zu einem Ort wird, der ästhetische Positionen besonders deutlich erkennen läßt: "Blickpunkt" (1968), "Meditieren" (1969) und "Gründe, das auto zu pflegen" (1973). Wenn Kunze Zeit, Stille und Schweigen so zentrale Bedeutung beimißt, dann verwundert es auch nicht, wenn er mit dem Prozeß des Schreibens (und des Lesens!?) die Intensität des Meditierens verbindet (69).

## VI. LYRIK

das Nichtwort

ausgespannt
zwischen

Wort und Wort.
(Hilde Domin)

Ebensowenig verwunderlich ist es dann auch, daß die Ergebnisse dieses meditativen Schreibens lyrische Konzentrate sind. Zur Ästhetik Kunzes gehört also wesentlich das Moment der Reduktion und Verknappung; bis hin zu Aphorismus und Epigramm. Kunze selbst bestätigt diese Feststellung folgendermaßen: "Mein Ehrgeiz richtet sich nicht auf lange Gedichte - was nicht heißen soll, daß ich nicht lange nachdächte. Im Gegenteil: Oft besteht zwischen der Kürze eines Gedichts und der Zeit, die ich darüber nachgedacht habe ein umgekehrtes Verhältnis. Und das hängt auf besondere Weise mit den Umständen zusammen, unter denen die Gedichte geschrieben worden sind." (70)

Zweifelsohne ist diese Reduktion, wie Kunze selbst andeutet und wie es der Gedichtband "Zimmerlautstärke" von 1972 mit seinen lyrischen Konzentraten und epigrammatischen Zuspitzungen zeigt, bedingt durch ein "Gegen", worunter sowohl gesellschaftspolitische Bedingungen als auch biographische Gegebenheiten zu verstehen sind. Mit Wulf Koepke ist zwar festzustellen: "Daß die Reduktion auf den poetischen Gedanken, auf die Pointe, auf den Denkanstoß ... dem Dichter aufgezwungen ist, eine Endposition, die sich dann konsequent als die Prosa der 'Wunderbaren Jahre' fortsetzte, zeigen die früheren Gedichtbände. 'Zimmerlautstärke' dokumentiert den Kampf des Gedichteschreibers um die Möglichkeit von Lyrik." (71)

Andererseits aber ist diese Reduktion auch als Konsequenz einer ästhetischen Entwicklung Kunzes zu sehen, die keineswegs, wie manche Kritiker zu erkennen glaub(t)en, ins "Verlies der Abbreviatur" (72) führt, sondern sie bedeutet gleichzeitig ein Mehr an Leerstellen im Gedicht, die zu Freiräumen für den Leser werden können und die eine Zunahme an Offenheit und Mehrsinnigkeit bewirken.

ZIMMERLAUTSTÄRKE

Dann die
zwölf jahre
durfte ich nicht publizieren sagt
der mann im radio

Ich denke an X
und beginne zu zählen
(73)

Andere Gedichte könnten dem Titelgedicht von Kunzes vorletztem Gedichtband an die Seite gestellt werden, um zu zeigen, daß Reduktion auch gleichbedeutend sein kann mit einer Öffnung des Gedichts für den Leser. (74) Dieses Phänomen der Reduktion führt in einigen Gedichten Kunzes zu einem langsamen Verstummen bzw. zu einem (optischen) Vertropfen; so etwa in dem Gedicht "Beim auspacken der mitgebrachten bücher" (75) von 1978/80, wo der zweite Gedichtteil lautet: "Hier dürfen sie / existieren // Noch".

Schließlich muß betont werden, daß die Neigung zur Verknappung sich bei Kunze auch in seinem zum größten Teil in der Bundesrepublik entstandenen Band "auf eigene hoffnung" erhalten hat, wenn auch nicht mehr in der Ausschließlichkeit der "Zimmerlautstärke". Das Prinzip der Reduktion ist infolgedessen nicht nur ein auferzwungenes, sondern auch ein für Kunze spezifisches. Kunze ist kein Lyriker des Parlando, sondern des Concetto. Vorbildlich sind ihm, dessen Vorliebe für die Musik bekannt ist, die aphoristische Kürze eines Anton von Webern und insbesondere die (kurzen) Messen Mozarts, über die Kunze in einem prägnanten Essay folgendes, auch für ihn geltendes ästhetisches Credo formulierte: "auf knappestem Raum ein Höchstmaß an Ausdruck" (76). Als Realisierung dieses Credos soll hier ein Gedicht Kunzes von 1980 angeführt werden, über dessen Entstehung man Faksimiles von Gedichtentwürfen Kunzes in einem Buch von Jürgen Serke (77) heranziehen kann.

LEERE SCHNEESTANGEN, NORWEGEN,
MITTE SEPTEMBER

In dieser steinöde werden sie
zu wesen

Als wollten sie den schnee auffangen
ohne arme

Und jede ganz auf sich gestellt
gegen die übermacht des himmels
(78)

Wiederum ein Wintergedicht, dessen "übermacht des himmels" an den "zugefrorenen himmel" des Gedichts "Dezember" von 1966 erinnert. Wiederum nur sechs Zeilen. Die Kontraktion im Formalen (Worteinsparung) und Inhaltlichen (Kombination des weit Auseinanderliegenden in der Personifikation von Schneestangen) und der Neologismus "steinöde" lassen Verse von großer Eindringlichkeit entstehen, die weniger interpretiert als vielmehr meditiert werden wollen.

VII. Sprache
abgehetzt
mit dem müden Mund
auf dem endlosen Weg
zum Hause des Nachbarn
(Johannes Bobrowski)

Kunzes Sprache, das zeigen viele Gedichte, ist eine Sprache der Verletzung, der Bedrängnis und des Leidens. Seine Skepsis gilt der Funktionalisierung und politischen Lenkung der Sprache, wie es Günter Eich in seiner Büchner-Preis-Rede ausdrückte: "Was in der Dichtung aber ist denn das Nicht-Harmlose, das Unbequeme, das was der Sprachlenkung zuwider ist? Zunächst ihre Existenz selbst, die Existenz in einer Sprache, die sich jeder Lenkung entzieht." (79) Und ebenso gilt für Kunzes Sprachverständnis das Wort von Karl Kraus, daß alle Vorzüge einer Sprache in der Moral wurzelten. (80) Die Skepsis der modernen Lyrik, die an der Tauglichkeit von Sprache zur menschlichen Kommunikation überhaupt zweifelt, ist Kunze fremd. Seine "Sprache des Leidens" (81) führt nicht wie bei Celan in eine Sprachlosigkeit (als Spiegel des sprachlosen Leidens in einer Welt nach Auschwitz) und notwendige Hermetik, sondern zu einer genauen Verschlüsselung, die "Schloß und Schlüssel mit sich führt" (82). Sprachangst zeigen die Gedichte Kunzes nicht, wohl aber Angst, sie könnten den Leser, das Du nicht erreichen, der Dialog könnte nicht glücken. Als Ausdruck dieser Angst darf wohl auch die gelegentliche rhetorische Überdeutlichkeit von Kunzes Gedichten verstanden werden. Auf die Bedeutung eines Gegenüber als Inspiration und als Adressat hat Kunze oftmals hingewiesen. (83)

Kunzes Gedichte sind Ausdruck eines Glaubens an die "Anrufbarkeit des anderen", wie es einmal Hilde Domin formuliert hat, und sie widersprechen Gottfried Benns Ästhetik einer monologischen Kunst: "... das moderne Gedicht, dessen monologischer Zug außer Zweifel ist. Die monologische Kunst, die sich abhebt von der geradezu ontologischen Leere, die über allen Unterhaltungen liegt und die die Frage nahelegt, ob Sprache überhaupt noch einen dialogischen Charakter in einem metaphysischen Sinne hat." (84)

Diesem Insistieren Benns auf dem Monologischen der Dichtung in seiner berühmten Marburger Rede "Probleme der Lyrik" von 1951 antwortet Paul Celan in seiner Büchner-Preis-Rede "Der Meridian" von 1960 mit der

Gewißheit, das Gedicht sei Anrede und intendiertes Gespräch. (85) Celan - und mit ihm wohl auch Kunze - geht davon aus, daß das Gedicht seinem Wesen nach dialogisch sei. "Das Gedicht will zu einem Andern, es braucht dieses Andere, es braucht ein Gegenüber. Es sucht es auf, es spricht sich ihm zu." (86) Kunzes Dichtungsverständnis hat innerhalb der Lyriktheorie nach 1945 seinen Platz neben dem leidenschaftlichen Ernst eines Paul Celan oder einer Ingeborg Bachmann, was seine Nachbemerkungen zur "Zimmerlautstärke" und viele seiner poetologischen Gedichte unter Beweis stellen. In ihrer Rede "Die Wahrheit ist dem Menschen zumutbar" anläßlich der Verleihung des Hörspielpreises der Kriegsblinden im Jahre 1959 spricht Ingeborg Bachmann aus, was ebenso von Kunze stammen könnte: "Der Schriftsteller ... ist mit seinem ganzen Wesen auf ein Du gerichtet, auf den Menschen, dem er seine Erfahrung vom Menschen zukommen lassen möchte ..., aber insbesondere vom Menschen, der er selber oder die anderen sein können und wo er selber und die anderen am meisten Mensch sind." (87)

Dieses Verständnis von Dichtung hat erhebliche Konsequenzen für die Sprache und die Struktur des Gedichts. Viele Gedichte Kunzes sind geprägt von einem diskursiven, dialogischen Aufbau und durch das Vorstellen einer Sprechsituation. Sie sind Anrede, und gleichzeitig optieren sie einen Dialog mit dem Leser, der als Gegenüber verstanden wird. Paradoxerweise kommt die dialogische Grundstruktur besonders stark in den "mono-

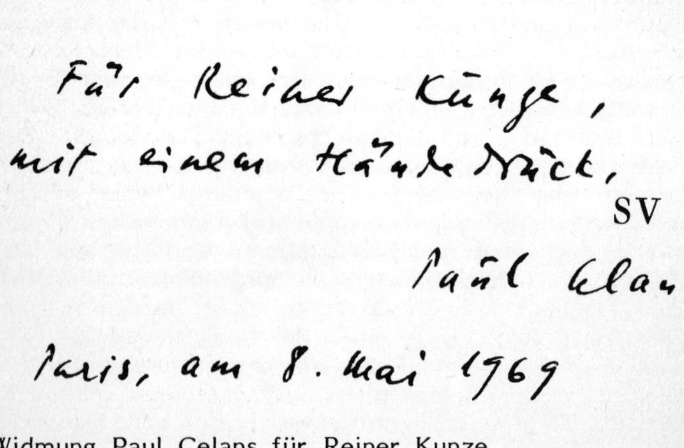


Widmung Paul Celans für Reiner Kunze

logen mit der tochter", der ersten Gedichtgruppe der "Zimmerlautstärke", zur Geltung. Diese Monologe sind im Grunde versuchte Dialoge, erwünschte Gespräche mit einem realen oder vorgestellten, mit einem verlorenen oder ersehnten, mit einem entfernten oder bedrängenden Du.

Als ein solcher "monolog mit der tochter" ist auch das 1973 geschriebene Gedicht "Gründe, das auto zu pflegen" (88) zu verstehen, das beispielhaft für die dialogische Offenheit der Lyrik Kunzes ist.

GRÜNDE, DAS AUTO ZU PFLEGEN

Schon wieder in der garage!
(die tochter beim anblick des verlassenen
schreibtischs)

Wegen
der großen entfernungen, tochter

Wegen der entfernungen
von einem wort zum andern

Wir haben es hier wiederum mit einem Gedicht zum Gedicht zu tun, was durch das Wort "Schreibtisch", aber auch durch das Automotiv (89) signalisiert wird. Das Gedicht ist sowohl eine Apologie der Stille als auch ein Wunsch nach Verständigung und Gespräch. Sein dialogischer Aufbau, unterstützt durch die Anordnung und Einrückung der Verse, sowie der Gedichttitel, der Nenner und Schlüssel des Gedichts ist, fallen ins Auge. Das Gedicht beginnt, durch die Überschrift mit der Lesererwartung zu "spielen" und endet mit einem "Sprachspiel", das den Leser einlädt, weitere Entdeckungen zu machen. Daß das Wort "Ort" im Wort selbst implizit vorhanden ist führt den Leser auf die Spur, daß auch in der Genitivpräposition "wegen", die sich im übrigen auf das Verbum "pflegen" der Überschrift reimt, das Wort "Weg" enthalten ist. Die Offenheit des Gedichts aktiviert den Leser, den Schluß gewissermaßen selbst zu finden. Diese Offenheit ist ein Charakteristikum des modernen Gedichts, und sie findet sich gerade in der Lyrik Bertolt Brechts sehr häufig. (90) Die Offenheit der Gedichte Kunzes geht aber über die gezielte "didaktische Offenheit" Brechts, die zumeist vom Gedanklichen ausgeht, hinaus und macht sich die Mehrdeutigkeit des metaphorischen Sprechens zunutze.

Was Umberto Eco in seiner Ästhetik des "offenen Kunstwerks" ausführt, ist auch Merkmal der Lyrik Kunzes: "Der Künstler, so kann man sagen, bietet dem Interpretierenden ein zu vollendendes Werk, er weiß nicht genau, auf welche Weise das Werk zu Ende geführt werden kann, aber er weiß, daß das zu Ende geführte Werk immer noch sein Werk, nicht ein anderes sein wird, und daß am Ende des interpretativen Dialogs eine Form sich konkretisiert haben wird, die seine Form ist." (91) Als Mittel, diese Offenheit zu erreichen, nennt Eco vor allem die "Durchbrechung der Wahrscheinlichkeitsordnung der Sprache" und die "ungewohnte Logik der Bilder" (92). Sein Fazit lautet, daß das offene Kunstwerk im Rezipienten "Akte bewußter Freiheit" (93) hervorrufen könne.

Und es darf als eine Replik Kunzes auf Ecos Semiotik verstanden werden, wenn Kunze sagt: "Indem sich der Lyriker aber ganz Zeichen anvertraut, ist er immer auf dem Weg, sich anderen Menschen anzuvertrauen, die inneren Entfernungen zwischen sich und anderen Menschen zu verringern." (94)

Das Gedicht "Gründe, das auto zu pflegen" ist letztlich poetischer Ausdruck dieses Wunsches nach Verringerung und Überbrückung der Entfernungen, der Entfernungen zwischen Worten, Orten und Menschen. Dieser Wunsch nach Annäherung basiert auf einem Sprachvertrauen, einem Vertrauen in die Möglichkeiten der Poesie und in die Entzifferungskraft des Lesers.

## VIII.

> Poesie kann auf die Dauer im Leser Sensibilisierung hervorrufen, deren jede auf Humanismus ausgehende Gesellschaft dringend bedarf.
> (Rainer Kirsch)

> Seine Leser zu vermenschlichen ist die Hoffnung und Illusion des Gedichts.
> (Günter Kunert)

Dieses dreifache Vertrauen in Sprache, Poesie und Leser, das für Kunzes Lyrik grundlegend ist, ist ein Phänomen, das auch bei anderen Lyrikern der DDR zu beobachten ist. Damit verbunden ist eine für den bundesrepublikanischen Leser erstaunliche Rezeption von Lyrik in der DDR, die wohl nicht allein durch die gesellschaftliche Exponiertheit der Literatur und Kunst als entscheidender Faktor des Entwicklungsprozesses einer sozialistischen Gesellschaft zu erklären ist. Den westdeutschen Leser mag es verwundern, wenn er zum Beispiel über die

Rezeption von Kunzes Gedichtband "Brief mit blauem Siegel", der 1973 in der DDR erscheinen konnte, erfährt: "Ich kenne nicht wenige, die mit dem 'Brief mit blauem Siegel' wie mit einem Brevier umgehen." (95) Eine für unseren überhitzten, marktorientierten Literaturbetrieb kaum vorstellbare Rezeption von Dichtung! In einem sehr wichtigen Aufsatz von Günter Kunert über "Autor und Publikum in der DDR" (96) ist nachzulesen, auf welchem Hintergrund eine derartige Rezeption gesehen werden muß.

Kunert konstatiert zunächst ein Leserbedürfnis in der DDR "nach Sinnerkenntnis, nach Sinngebung, eines Sinnes, der nicht in allgemein-gesellschaftlichen und ökonomisch-produktiven Funktionen sich erschöpft ... Ich will sagen, diese ganz ernsten und fast beängstigenden Fragen, die an Lyrik gestellt waren, sind solche nach dem Sinn der eigenen personalen Existenz." (97)

Dieses Leserbedürfnis spiegelt sich u.a. in Kunzes Gedicht "Möglichkeit, einen sinn zu finden" (98), das 1973 in der DDR geschrieben wurde, und ebenso in dem bereits zitierten Gedicht "Mitternach vorüber" (99), das 1980 in der Bundesrepublik entstanden ist, wider.

Diesem Leserbedürfnis, so fährt Günter Kunert in seinem Aufsatz fort, entspreche das Selbstverständnis der meisten Lyriker jener mittleren Generation, der auch Kunze zuzurechnen sei. Diese "beziehen sich auf die existentielle Ebene in ihren Gedichten, mehr oder weniger offenkundig, mehr oder weniger virulent. Für die neuere DDR-Lyrik ist dieses existentielle Moment ein konstitutives Element geworden." (100) Als weitere Motive zum Lesen von Gedichten nennt Kunert "das Verlangen des Lesers nach menschlicher Totalität" (101), seine "Erwartung von Wahrheiten, von Lebenswahrheiten, und zwar von nicht relativierten" (102). Die Beschäftigung mit Lyrik, so Kunert, vermag dem Leser "Momente tiefen Verstehens" über sich selbst, seine Verluste und Reduktionen zu vermitteln. Als "Gewinn erhält der Leser die Sprache zurück, eine Sprache, die unabhängig von allen Terminologien und offiziösen Sprechweisen ist, auch wenn sie diese aufnimmt, um sie als Un-Sprache zu denunzieren. So findet unverkrüppelte Sprache ein Refugium im Gedicht, und nicht nur Refugium: hier ist auch ein Treffpunkt, wo sie dem Leser begegnet als ein Stärkungsmittel für seine Nachdenklichkeit." (103) Und schließlich spricht Kunert mit unverkennbarem Pathos und einem geradezu religiösen Vokabular von der Hoffnung des Lyrikers, "daß eine wiederkehrende und anhaltende Beschäftigung mit Gedichten doch im Leser Spuren hinterlasse. Daß sie ihn vielleicht wacher und empfindlicher machen gegenüber Gebrechen und brachialen Geschehnissen seines Alltags und natürlich des Alltags seiner Zeitgenossen. Daß sie ihm die Unbedenklichkeit nähmen, sich rigoros über andere hinwegzusetzen, weil ihm eventuell dabei klar würde, daß eben er selber auch der andere ist, über den hinweggetrampelt wird; daß alles, was er anderen antut, ihm angetan wird ... Seine Leser zu vermenschlichen ist die Hoffnung und Illusion des Gedichts." (104) Kunert ist sich dabei bewußt, daß der Begriff der Menschlichkeit verbraucht und mißbraucht ist und daß er oft als das "Allgemein-Menschliche" gleichbedeutend ist mit Unverbindlichkeit und Betulichkeit. Dennoch hält er wie Kunze, der von "Besinnung auf die Substanz Mensch" (105) spricht, an diesem existentiellen Vokabular fest.

In einem Gespräch mit Wolfgang Broer ging Kunze auf die unterschiedliche Rezeption von Lyrik in der DDR und in der Bundesrepublik ein: "Ich erinnere mich da an eine Szene auf der Leipziger Messe. Da stand ein junges Mädchen am Stand des S. Fischer Verlages und schrieb ein Buch Peter Huchels, des wohl bedeutendsten DDR-Autors, der nun freilich bei uns aus den Literaturgeschichten getilgt wurde, Seite für Seite ab. Und am nächsten Tag war sie wieder da, mit einem Freund, und sie teilten sich die Arbeit. Das mag im Westen undenkbar sein ... Aber hier wie drüben gibt es Menschen, die diese und andere Formen geistiger Existenz brauchen, die auch einander brauchen." (106)

Kunzes Hochschätzung des Lesers findet nicht nur ihren Niederschlag in den dialogischen und offenen Gedichten, sondern sie zeitigt auch einen intensiven Kontakt mit den Lesern, sei es durch Lesereisen oder durch Briefkorrespondenzen.

Kunze hat seit seiner Übersiedlung in die Bundesrepublik im April 1977 ein großes, für die Gattung Lyrik ungewöhnlich großes Leserpublikum erreicht und gewonnen, was sicherlich auch auf sein existentialethisches Selbstverständnis und auf seine dialogische Lyrik zurückzuführen ist. (107)

## IX.

> Wenn du ein gedicht schreibst, im herzen also
> barfuß bist ...
> (Reiner Kunze)

Das Selbstverständnis Kunzes, das natürlich schon bei der

Erörterung seiner ästhetischen und poetologischen Positionen zur Sprache gekommen ist und über das Kunze in zahlreichen Interviews, Statements und Gedichten wiederholt präzise Auskunft gegeben hat, soll abschließend noch einmal hinsichtlich seiner zentralen Begriffe angesprochen werden.

Kunze geht, wenn er schreibt bzw. wenn er über die Gründe fürs Schreiben spricht, immer von existentieller Motivation aus, von Betroffenheit, Erschütterungen, Ergriffenheit und von innerer Notwendigkeit. Auf Kunze trifft zu, was Erhard Kästner einmal so formuliert hat: "Ich glaube, daß der Künstler sich existentiell begreift und nicht gesellschaftlich. Gesellschaftlich ist er von jeher ein Auswanderer, ein Protestant, ein Widergänger gewesen." (108) Zu diesem existentiellen Selbstverständnis Kunzes, das er mit vielen Autoren der DDR teilt, wie Günter Kunert feststellte, gehören wesentlich Authentizität und Partizipation. Teilhabe am Zeitgeschehen, Zeitgenossenschaft sind Voraussetzungen einer Dichtung, der es um Existentielles und Essentielles zu tun ist. Ethisch-moralische Kategorien wie Ehrlichkeit und Aufrichtigkeit lassen Kunze schließlich zu der apodiktischen Aussage kommen: "In meinem Selbstverständnis als Schriftsteller kann ich aber nicht wider mein Gewissen schreiben." (109)

Für Kunze bedeutet dieses existentialethische Selbstverständnis jedoch keinen Rückzug in eine falsch verstandene Innerlichkeit, vielmehr verlangt es öffentliches und privates Engagement, wobei hier Engagement so verstanden wird, wie es Adorno in seinen "Noten zur Literatur" definierte: "Engagierte Kunst im prägnanten Sinn will nicht Maßnahmen, gesetzgeberische Akte, praktische Veranstaltungen herbeiführen ..., sondern auf eine Haltung hinarbeiten ... Was aber das Engagement künstlerisch vorm tendenziösen Spruchband voraus hat, macht den Inhalt mehrdeutig ... Kunst heißt nicht Alternativen pointieren, sondern, durch nichts anderes als ihre Gestalt, dem Weltlauf widerstehen, der den Menschen immerzu die Pistole auf die Brust setzt." (110)

Verkürzt und beispielhaft sei hier bezüglich Kunzes öffentlichem Engagement auf seine - nicht allein - poetische Teilhabe am Prager Frühling und an der Gewerkschaftsbewegung in Polen verwiesen. Ebenso engagiert hat er sich für das Schicksal verfemter Autoren wie Huchel, Biermann, Solschenizyn u.a. Und gerade seine Übersetzungen der tschechoslowakischen Lyrik über zwanzig Jahre hinweg müssen als öffentliches Engagement begriffen werden für eine Literatur, die vom Totgeschwiegenwerden bedroht war und ist.

Auf das private Engagement der Lyrik Kunzes braucht nicht näher eingegangen zu werden, weil existentielle Fragestellungen fast alle Gedichte im Kern berühren.

Kunzes primär existentielles und poetisches Selbstverständnis, das zumeist nicht ohne politische Wirkungen geblieben ist und das sehr oft bei der voreiligen ausschließlichen politischen Rezeption seiner Gedichte übersehen worden ist, führt zu einer, wie Heinrich Böll es nannte, "Ästhetik des Humanen" (111), d.h., die "Suche nach Glücksmöglichkeiten für die Menschen" ist verknüpft mit der "Suche nach sprachlichen Möglichkeiten." (112)

Auch im Jahre 1983 haben Kunzes Nachbemerkungen zu seinem Gedichtband "Zimmerlautstärke" von 1972 uneingeschränkte Gültigkeit, denn unabhängig vom Gesellschaftssystem gilt für die Gedichte Kunzes, auch für die der "eigenen Hoffnung": "Das gedicht als stabilisator, als orientierungspunkt eines ichs. Das gedicht als akt der gewinnung von freiheitsgraden nach innen und außen."

Und gleichermaßen gilt, wenn auch der ersten Nachbemerkung untergeordnet, die zweite, die besagt, daß das Gedicht zu einem anderen unterwegs ist: "Das gedicht als äußerster punkt möglichen entgegengehens des dichters, als der punkt, in dem auf seiner seite die innere entfernung auf ein nichts zusammenschrumpft. Das gedicht als bemühung, die erde um die winzigkeit dieser annäherung bewohnbarer zu machen." (113)

X. Von Gott kann man nicht sprechen, wenn man nicht weiß, was Sprache ist.
(Günter Eich)

Diesen zwei Grundoptionen Kunzes kann eine weitere hinzugefügt werden, eine, die sich möglicherweise erst nach Kunzes Übersiedlung in die Bundesrepublik in dieser Deutlichkeit zu erkennen gegeben hat. Werner Ross hat in seiner Laudatio auf den Geschwister-Scholl-Preisträger des Jahres 1981 diese Option und Dimension der Lyrik Kunzes angesprochen: "Der Dichter, wie ihn Kunze versteht und verkörpert, ist der Widerständler schlechthin ... Dazu gehören, je nach Land, verschiedene Sorten von Mut: der Mut gegen die Gewalt in der DDR, der Mut gegen die Verführung in der Bundesrepublik - und in beiden der Mut, bestimmte Tabuwörter wieder auszusprechen - zum Beispiel das Wort Gott." (114)

Es ist die Dimension des Religiösen, die sich hier in einem verhaltenen Sprechen von Gott auftut (115), was nicht heißt, daß in der Lyrik Kunzes nietzschesche Fragen ausgeblendet und die fundamentale Ratlosigkeit des Menschen in einer Welt nach Auschwitz und nach Hiroshima übergangen werden.

Vielmehr ist es das Menschenbild Kunzes, das nicht ausschließt, daß im "Horizont der Rede von und vor Gott die Ganzheit des Menschen ins Blickfeld gerät (daß sie mithin keine Selbstentfremdung, sondern genau im Gegenteil die Möglichkeit der Selbstfindung und Selbstüberschreitung bedeutet)" (116), zumal wenn sich jemand wie Kunze auf Camus' Weltbild beruft.

So spricht Kunze im Gedicht "Zuflucht noch hinter der zuflucht" (117) die Frage Gottes nach dem ratlosen Menschen aus, im Gedicht "Auf dem Kalvarienberg bei Retz im Januar" (118) verknüpft er die Bildrede Jesu vom Weinstock auf eindrucksvolle Weise mit dem poetischen Bild vom winterlichen Weinstock, der seine Arme wie ein Gekreuzigter ausbreitet. Vom Schöpfergott ist - gleichsam beiläufig und spielerisch - in anderen Gedichten die Rede, zum Beispiel im Gedicht "In den Highlands" (119) oder im Gedicht "An der Donau im nebel" (120).

Noch soll es hier als Frage formuliert werden: Ist auf Kunze, quasi als dritte Option, zu übertragen, was Paul Celan in seiner Büchner-Preis-Rede von 1960 so tastend und doch nachdrücklich auszusprechen wagte: "Ich denke, daß es von jeher zu den Hoffnungen des Gedichts gehört, gerade auf diese Weise auch in fremder - nein, dieses Wort kann ich jetzt nicht mehr gebrauchen -, gerade auf diese Weise in eines Anderen Sache zu sprechen - wer weiß, vielleicht in eines ganz Anderen Sache." (121)

Am Schluß dieser Aspekte und Anmerkungen soll ein Gedicht Kunzes stehen, das Rechenschaft ablegen will gegenüber einem Freund und Dichter, Rechenschaft über das eigene Selbstverständnis, das sich dem des Freundes verwandt weiß, und auch Rechenschaft über diese von Celan angesprochene Dimension des "ganz Anderen", d.i. Gott. In einem von Kunze bereits 1960 übersetzten Gedicht des tschechischen Schriftstellers Milan Kundera lauten die ersten und letzten Zeilen: "Dichter sein heißt / immer bis ans Ende gehen" (122), in dem folgenden, dem tschechischen Lyriker Jan Skácel gewidmeten Gedicht Kunzes (123), 1980 geschrieben, geht es um die Frage nach den Möglichkeiten von Dichtung angesichts dieses Endes:

KLEINE RECHENSCHAFT NACH MÄHREN
(für Jan Skácel)

Was bleibt übrig, als sein heil zu suchen
in der demut der kleinen wortanfänge

Das ende schreibt sich immer klein

Das ende, wenn mit klirrendem gestänge
der sarg hinausgeschoben wird

Gott wohnt nicht bei den glocken,
und höher reichen wir nicht

## Anmerkungen

1 Neue Deutsche Literatur (NDL), Berlin 1953, H. 5, S. 112 ff. Die Gedichte Kunzes lauten: "Unsere Straße" und "Mohr".

2 Zum 'Dichter von Profession' heißt es - durch romantische Ironie gebrochen - in Clemens Brentanos Erzählung "Vom braven Kasperl und dem schönen Annerl": "... und es ist auch wirklich ein verdächtiges Ding um einen Dichter von Profession, der es nicht nur nebenher ist. Man kann sehr leicht zu ihm sagen: 'Mein Herr, ein jeder Mensch hat, wie Hirn, Herz, Magen, Milz, Leber und dergleichen, auch eine Poesie im Leibe; wer aber eines dieser Glieder überfüttert, verfüttert oder mästet und es über alle andre hinübertreibt, ja es gar zum Erwerbzweig macht, der muß sich schämen vor seinem ganzen übrigen Menschen. Einer, der von der Poesie lebt, hat das Gleichgewicht verloren, und eine übergroße Gänseleber, sie mag noch so gut schmecken, setzt doch immer eine kranke Gans voraus.' Alle Menschen, welche ihr Brot nicht im Schweiß ihres Angesichts verdienen, müssen sich einigermaßen schämen, und das fühlt einer, der noch nicht ganz in der Tinte war, wenn er sagen soll, er sei ein Schriftsteller." In: Clemens Brentano. Werke in zwei Bänden. Hrsg.: F. Kemp unter Mitwirkung von W. Frühwald. München 1972, Bd. 1, S. 407.

3 Insbesondere in der Rede in der Bayerischen Akademie der Schönen Künste von 1973 und der Büchner-Preis-Rede von 1977.

4 Vgl. hierzu: J.P. Wallmann (Hrsg.): Reiner Kunze. Materialien und Dokumente (= M+D). Frankfurt a.M. 1977 und "europäische ideen", Sonderheft Reiner Kunze, herausgegeben von A.W. Mytze, Berlin 1976.

5 Vgl. ebd. und vor allem die "Nachbemerkungen" Kunzes zur "Zimmerlautstärke", Frankfurt a.M. 1972, S. 63 ff.

6 "Poetologisches Gedicht", darunter wird hier im weitesten Sinn ein Gedicht verstanden, das Sprache, Dichtung, Poesie oder das Selbstverständnis des Dichters thematisiert.

7 Vgl. Manfred Jäger: Eine offensive Verteidigung der Poesie. In: M. Jäger: Sozialliteraten. Funktion und Selbstverständnis der Schriftsteller in der DDR. Düsseldorf 1973, S. 102 ff.

8 Wichtige Informationen finden sich bei Wolfgang Emmerich: Kleine Literaturgeschichte der DDR. Darmstadt und Neuwied 1981.

9 Walter Höllerer (Hrsg.): Theorie der modernen Lyrik. Dokumente zur Poetik. Hamburg 1965.

10 Besonders wichtige Aussagen finden sich bei Günter Kunert: Autor und Publikum in der DDR. In: Kontext 2, herausgegeben von M. Gerhardt und G. Mattenklott. München 1978, S. 64 ff.

11 Etwa Jürgen Serke: Reiner Kunze. Die Stimme aus der Stille. In: J. Serke: Die verbannten Dichter. Berichte und Bilder von einer neuen Vertreibung. Hamburg 1982, S. 8 ff. - Der Gefahr des Biografismus entgeht auch nicht immer Jürgen P. Wallmann: Sensible Wege. Ein Porträt des Schriftstellers Reiner Kunze. In: L. Jordan u.a. (Hrsg.): Lyrik von allen Seiten. Frankfurt a.M. 1981, S. 461 ff.

12 Vgl. hierzu Hans Dieter Schäfers zutreffende Phaseneinteilung in seiner Rezension der "Zimmerlautstärke". In: Die Neue Rundschau, Jahrg. 1972, S. 746 ff. Diese Phaseneinteilung macht sich auch Helga Anania-Hess in ihrer Dissertation "L'opera poetica di Reiner Kunze (Urbino 1974)" zunutze.

13 Ekkehart Rudolph: Aussage zur Person. Zwölf Schriftsteller im Gespräch mit E.R. Tübingen und Basel 1977, S. 126.

14 Ebd.

15 Mir Gegenüber. Vierzig Feuilletons. Herausgegeben und bearbeitet v. Heinz Knobloch / Reiner Kunze. Halle/S. 1960, S. 12/13.

16 Reiner Kunze: Über die Lyrik als dichterisches Heldendasein des Lyrikers und des Volkes (= Beiträge zur Gegenwartsliteratur. H. 18). Halle/S. 1960.

17 Hierüber gibt Kunzes Interview mit E. Rudolph (s.Anm. 13) Auskunft, die jedoch noch einige Fragen offen läßt!

18 Reiner Kunze: Sensible Wege. Reinbek 1976, S. 33/34.

19 Ebd. S. 35.

20 Hinzuweisen wäre hier auf die Übersetzungen von Bernd Jentzsch, der neben vielen Gedichtübertragungen aus slawischen Sprachen auch Gedichte von Jannis Ritsos übersetzte. Rainer Kirsch übersetzte Mandelstam, Jessenin und gab zusammen mit A. Endler eine Anthologie georgischer Lyrik heraus. Mit ihrem damaligen Ehemann Rainer Kirsch hat auch Sarah Kirsch russische Lyrik übersetzt (u.a. Gedichte von Anna Achmatowa).

21 Emmerich, a.a.O., S. 170.

22 Gerhard Kluge: Die Rehabilitierung des Ich. Einige Bemerkungen zu Themen und Tendenzen in der Lyrik der DDR der sechziger Jahre. In: W. Kuttenkeuler (Hrsg.): Poesie und Politik. Stuttgart 1973, S. 206 ff. - Hierher gehört auch das Tucholsky-Flugblatt Kunzes in den "Wunderbaren Jahren". Frankfurt a.M. 1976, S. 53/54.

23 Klaus Dautel: Subjektivität und Unmittelbarkeit. Zur Entwicklung der DDR-Lyrik in den 70er Jahren. In: R. Wiecker (Hrsg.): Text & Kontext. München 1979, S. 33.

24 Der Wind mit Namen Jaromir. Nachdichtungen aus dem Tschechischen von Reiner Kunze. Berlin 1961.

25 E. Rudolph, a.a.O., S. 134.

26 Reiner Kunze: Widmungen. Bad Godesberg 1963, S. 50.

27 Jürgen P. Wallmann: Der Fall Reiner Kunze. In: Neue Deutsche Hefte, Jahrg. 19/1972, H. 4, S. 93 ff.

28 Sensible Wege, a.a.O., S. 19.

29 Heinz Piontek: Männer, die Gedichte machen - Zur Lyrik heute. Hamburg 1970, S. 208.

30 NDL, H. 7, Berlin 1965, S. 112. - An diesem Begriff der Genauigkeit hält Kunze auch heute noch fest. Vgl. hierzu sein Gespräch mit Berliner Schülern im RIAS am 29. 11. und 3. 12. 1977. Kunze hält Genauigkeit in der Literatur, zumal in einer Welt exakter Wissenschaften, für ein Qualitätsmerkmal, ohne das Poesie "unzeitgemäß" wäre.

31 NDL, H. 7, Berlin 1965, S. 113.

32 A. Endler/K. Mickel: In diesem besseren Land. Gedichte der DDR seit 1945. Halle/S. 1966.

33 Beachtenswert ist die Lyrik-Diskussion in "Sinn und Form" im Herbst 1972, auf die auch Kunert ausdrücklich hinweist (s.a. Kunert, a.a.O., S. 72/73).

34 Sensible Wege, a.a.O., S. 43. Vgl. ebd. S. 67.

35 Zum Beziehungsgeflecht des Gedichts "Elegie" vgl. u.a. den "Ruf aus Weimar", in: NDL, H. 8, Berlin 1965, S. 1 und das von Kunze übersetzte Gedicht Miroslav Holubs "Buchenwald heute abend", in: Ebd. S. 44 f.

36 J.W. Goethe. Hamburger Ausgabe. Bd. 1, München [12]1981, S. 155 f.

37 Max Walter Schulz: Das Neue und das Bleibende in der Literatur. In: NDL, H. 9, Berlin 1969, S. 46 f. Bemerkenswert ist dabei die Tatsache, daß Schulz im Anschluß an die Polemik gegen Kunze Christa Wolf wegen ihres Romans "Nachdenken über Christa T." angreift!

38 Sensible Wege, a.a.O., S. 45.

39 Karl Corino: Reiner Kunze, der Moralist. In: K. Corino (Hrsg.): Reiner Kunze. Die wunderbaren Jahre. Lyrik Prosa Dokumente. Frankfurt a.M. u.a. 1978, S. 17.

40 Hugo Friedrich: Struktur der modernen Lyrik. Hamburg [8]1977, S. 146.

41 Höllerer, a.a.O., insbesondere das Nachwort, S. 419 ff.

42 Vgl. hierzu die schöne Anthologie "Aus den Kasematten des Schlafs". Tschechoslowakische Surrealisten, herausgegeben von Heribert Becker. München 1980.

43 P.A. Bloch (Hrsg.): Gegenwartsliteratur. Mittel und Bedingungen ihrer Produktion. Eine Dokumentation. München 1975, S. 287. Ebenso M+D., S. 132. - Kunze hat sich schon früh mit ästhetischen Fragen beschäftigt: "Der Wert des Studiums lag für mich nicht bei der Journalistik, sondern auf dem Gebiet der Ästhetik: Ich habe unter anderem Literaturgeschichte, Musikgeschichte und Kunstgeschichte gehört und in diesen Fächern Examen gemacht." (E. Rudolph, a.a.O., S. 125). Der Ästhetik des dichterischen Bildes hat Kunze bereits Ende der 50er Jahre besonderes Interesse entgegengebracht. Vgl. Reiner Kunze: Wesen und Bedeutung der Reportage (= Beiträge zur Gegenwartsliteratur, H. 17). Berlin 1960. Insbes. S. 35 ff.

44 Höllerer, a.a.O., S. 356.

45 Ebd.

46 Ebd. S. 357.

47 Ebd. S. 358.

48 Ebd. S. 361.

49 Reiner Kunze: Wintereisenbahnerhochzeit - Über das Poetische in einem Bild von Jan Balet. Windecker Winkelpresse. Sonderdruck 1978. Unpaginiert. Vgl. zur Inspiration Kunzes durch die Malerei auch sein Gedicht "Jan Balet: der gast" von 1978.

50 Ebd. Vgl. zum Realismus in der Kunst: Reiner Kunze: Der Film Die Wunderbaren Jahre. Lesefassung des Drehbuchs. Frankfurt a.M. 1979. Auf S. 97 findet sich der Satz: "Ich glaube, in der Kunst kommt es eben nicht darauf an, daß etwas ist wie in der Natur."

51 Ebd. - Vgl. auch das Motto dieses Kapitels, das dem Prosatext Kunzes "Clown, Maurer oder Dichter" entstammt. In: Reiner Kunze: Die wunderbaren Jahre. Frankfurt a.M. 1976, S. 20.

52 Hans Magnus Enzensberger: Gedichte. Die Entstehung eines Gedichts. Frankfurt a.M. 1962, S. 57.

53 Georg-Büchner-Preis 1977 an Reiner Kunze, herausgegeben v. S. Fischer Verlag. Frankfurt a.M. 1977, S. 24.

54 Reiner Kunze: auf eigene hoffnung. Frankfurt a.M. 1981, S. 45.

55 Büchner-Preis 1977, a.a.O., S. 26. Vgl. M+D., S. 90.

56 Ebd. S. 27.

57 Ebd. S. 28.

58 M+D, S. 163.

59 Zimmerlautstärke, a.a.O., S. 61. Vgl. auch Kunzes Gedicht "Gegenwart" (1970) und "Dein kopf auf meiner brust" (1980) wegen ihres besonderen Sprachsinns.

60 Otto Knörrich: Die deutsche Lyrik seit 1945. Stuttgart $^{2}$1978, S. 353/54.

61 Bertolt Brecht: Über Lyrik. Herausgegeben v. E. Hauptmann/R. Hill. Frankfurt a.M. $^{6}$1977, S. 80/81. Dieser Gestus des Sprechens prägt auch die Gedichte G. Kunerts, R. Kirschs, V. Brauns und B. Jentzschs.

62 Vgl. Kunzes Gedichte "Fahrschüler für lastkraftwagen" (1968), "Nach der geschichtsstunde" (1969), "Siebzehnjährig" (1969) und "Nach einer unvollendeten mathematikarbeit" (1971).

63 Hoffnung, a.a.O., S. 58.

64 Ebd. S. 50.

65 Vgl. Stern Nr. 31/1979, S. 127. Vgl. auch Kunzes Gedicht "Entgegnung" (1978/80) und Kunzes Aussage zum biographischen Grund seiner Gedichte. M+D, S. 136.

66 Corino, a.a.O., S. 368.

67 Reiner Kunze: Der Löwe Leopold. Fast Märchen, fast Geschichten. Frankfurt a.M. 1970. Auf S. 40 heißt es: "... weil alle Kunst, auch die des Briefestempelns, viel Zeit braucht."

68 Hoffnung, a.a.O., S. 55.

69 Vgl. Kunzes Gedicht "Meditieren", das nicht grundlos das erste Gedicht des Bandes "Zimmerlautstärke" ist. Dasselbe gilt für das Gedicht "Nachtfahrt" am Beginn des Bandes "auf eigene hoffnung". Das Gedicht "Die kunstbeflissenen hähne von Leiningen" (1971) "zeigt" die Nähe von Kunzes "Schreibtisch" zur Musik!

70 M+D, S. 168.

71 Wulf Koepke: Reiner Kunze. In: Klaus Weissenberger (Hrsg.): Die deutsche Lyrik 1945-1975. Düsseldorf 1981, S. 378.

72 H.D. Sander. In: Deutschland-Archiv 11/1972, S. 1202.

73 Reiner Kunze: Zimmerlautstärke. Frankfurt a.M. 1972, S. 38.

74 Vgl. Koepke, a.a.O., S. 374/75. Ausdrücklich seien hier Kunzes Gedichte "Grenzkontrolle" (1971) und "Auch eine hoffnung" (1970) genannt.

75 Hoffnung, a.a.O., S. 25.
76 Reiner Kunze: Ergriffen von den Messen Mozarts. Essay. Hauzenberg 1981. Unpaginiert.
77 Serke, a.a.O., S. 28/29.
78 Hoffnung, a.a.O., S. 43. Weitere Gedichte dieses Bandes mit ähnlich meditativer Qualität und formaler Verknappung sind "Zu sterben beginnen" (1980) und "Hallstadt mit schwarzem stift" (1981), das Gertrud Fussenegger in der FAZ vom 24.7.1982 interpretiert hat.
79 Günter Eich. In: Büchner-Preis-Reden 1951 - 1971. Mit einem Vorwort von Ernst Johann. Stuttgart 1972, S. 78.
80 Zitiert nach Ingeborg Bachmann. Frankfurter Vorlesungen. München 1980, S. 30. Vgl. zu diesem Karl-Kraus-Wort Kunzes Gedicht "politiker, eines meiner bücher lobend" (1980).
81 Vgl. Heinz Michael Krämer: Eine Sprache des Leidens. Zur Lyrik Paul Celans. München 1979.
82 M+D, S. 127.
83 Büchner-Preis 1977, a.a.O., S. 28.
84 Gottfried Benn. Gesammelte Werke in 12 Bänden, herausgegeben von Dieter Wellershoff. Wiesbaden 1968, Bd. 4, S. 1092. Zum Monologischen in der Dichtung Benns selbst vgl. u.a. das Gedicht "Ein Wort" (Bd. 1, S.208), dessen letzte Strophe lautet: "Ein Wort - ein Glanz, ein Flug, ein Feuer, / ein Flammenwurf, ein Sternenstrich - / und wieder Dunkel, ungeheuer, / im leeren Raum um Welt und Ich."
85 Siehe dazu: Hans Mayer: Erinnerung an Paul Celan. In: H.Mayer: Der Repräsentant und der Märtyrer. Konstellationen der Literatur. Frankfurt a.M. 1971, S. 169 ff.
86 Paul Celan: Der Meridian. In: Büchner-Preis-Reden, a.a.O., S. 98.
87 Ingeborg Bachmann: Die Wahrheit ist dem Menschen zumutbar. Essays. Reden. Kleinere Schriften. München 1981. S. 75/76.
88 Hoffnung, a.a.O., S. 12.
89 Die "Autogedichte" Kunzes haben ebenso wie die "Schreibtischgedichte" poetologischen Charakter. Vgl. die Gedichte "Fahrschüler für lastkraftwagen" (1968), "Das kleine auto" (1971) und "Nachtfahrt" (1974) Hierbei ist für den westdeutschen Leser wichtig, daß er sich vergegenwärtigt, welche Bedeutung ein Auto in der Gesellschaft der DDR hat und wie schwierig es dort für einen "Normalbürger" ist, ein Auto zu bekommen.
90 Vgl. das instruktive Nachwort von Walter Jens. In: Bertolt Brecht: Ausgewählte Gedichte. Frankfurt a.M. 1964, S. 81 ff.
91 Umberto Eco: Das offene Kunstwerk. Frankfurt a.M. 1977, S.55.
92 Ebd., S. 121 und 170.
93 Ebd., S. 153.
94 M+D, S. 135.
95 Corino, a.a.O., S. 21.
96 Kunert, a.a.O., S. 64 ff.
97 Ebd., S. 67.
98 Hoffnung, a.a.O., S. 14.
99 Hoffnung, a.a.O., S. 50.
100 Kunert a.a.O., S. 67. Dem ist hinzuzufügen, daß Reiner Kirsch kürzlich bei einer Lesung in München von seinem "seelsorgerischen Amt" als Schriftsteller in der DDR sprach.
101 Kunert, a.a.O., S. 67.
102 Ebd., S. 69.
103 Ebd., S. 75.
104 Ebd., S. 78.
105 Büchner-Preis 1977, a.a.O., S. 29.
106 Wolfgang Broer: Reiner Kunze: Im Westen nichts Neues? In: Literatur und Kritik, Jahrg. XIII/1978, S. 114.
107 Zur Rezeption Kunzes in der Schule gibt es einen kleinen Beitrag von Thomas Gey: Erfahrungen mit Reiner Kunze in der Gymnasialen Oberstufe. In: Mitteilungen des deutschen Germanistenverbandes (1979), H. 2, S. 21 ff.
108 Hans Joachim Müller (Hrsg.): Butzbacher Autorenbefragung. Briefe zur Deutschstunde. München 1973, S. 87.
109 Corino, a.a.O., S. 351. Vgl. M+D, S. 192.
110 Theodor W. Adorno: Noten zur Literatur. Frankfurt a.M. 1981, S. 412 f.
111 Heinrich Böll: Frankfurter Vorlesungen. München $^{4}$1977, S. 7.
112 M+D, S. 89.
113 Zimmerlautstärke, a.a.O., S. 65/66.

114 Werner Ross: Laudatio auf Reiner Kunze, den Geschwister-Scholl-Preisträger der Stadt München 1981 (Manuskript).

115 Kunzes Gedichte finden Aufnahme in Anthologien religiöser Lyrik und werden als christliche Gedichte interpretiert. Zu nennen wären hier: Rufe 1 und 2. Religiöse Lyrik der Gegenwart (Hrsg.: Erhard Domay u.a.), Gütersloh 1979 (Bd. 1) und 1981 (Bd. 2). Friedrich Kienecker: Es sind noch Lieder zu singen ... Beispiele moderner christlicher Lyrik. Essen 1978. Paul Konrad Kurz (Hrsg.): Psalmen. Vom Expressionismus bis zur Gegenwart. Freiburg 1978.

116 Hans-Rüdiger Schwab (Hrsg.): Geistliche Gedichte. Deutsche religiöse Lyrik von den Anfängen bis zur Gegenwart. Frankfurt a.M. 1983, S. 373.

117 Zimmerlautstärke, a.a.O., S. 62.

118 Hoffnung, a.a.O., S. 38.

119 Ebd., S. 32.

120 Ebd., S. 47.

121 Büchner-Preis-Reden, a.a.O., S. 96.

122 Der Wind mit Namen Jaromir, a.a.O., S. 26.

123 Hoffnung, a.a.O., S. 68. - Vgl. hierzu das Gedicht Skácels "Winzige und sorgsam geordnete verrate", in dem die Zeile zu finden ist: "gott wohne hoch und sei bei den glocken". In: Jan Skácel: wunklee. Ins Deutsche übertragen von Reiner Kunze. Frankfurt a.M. 1982, S. 55. Zu der Frage nach den Möglichkeiten von Lyrik angesichts des Endes, sprich: des Weltendes, hat Günter Kunert eine bedenkenswerte Rede gehalten: G. Kunert, Die letzten Indianer Europas. Hauzenberg 1983.

ROLF EIGENWALD

# Verstummen oder sich äußern

## Reiner Kunze, der Schul- und der Literaturbetrieb

Als im März 1969, vorangegangen war das weitgehend unbeachtete Buch "Widmungen", der Gedichtband "Sensible Wege", eine olivfarbene Kostbarkeit in rauhem Schutzumschlag, im 1. - 2. Tausend bei Rowohlt erschien, ließ sich kaum ahnen, daß dessen Autor knapp 15 Jahre später zu den bekanntesten Schriftstellern in der Bundesrepublik Deutschland zählen sollte. Ein Rezensent konstatierte: "Von den jungen Lyrikern der DDR, deren Gedichte bei uns bekannt (und verlegt) wurden, kommt der 1933 geborene Reiner Kunze am spätestens zu uns." Noch zwei Jahre danach verwies "Die Zeit" darauf, Kunze entbehre der Prominenz eines Peter Huchel, eines Wolf Biermann, eines Robert Havemann, sei deshalb gegen Behördenschikanen in der DDR weniger geschützt. Mittlerweile gehört Reiner Kunze zu den wenigen deutschsprachigen Lyrikern der Gegenwart, deren Gedichte nicht nur jenen ein- bis zweitausend unentwegten und zeitgeistresistenten Lyriklesern vertraut sind, auf die der Rowohlt Verlag 1969 so kühn und doch so vorsichtig kalkulierend zielte. Mehr noch: Kunze zählt, von Greiz in Thüringen in die Nähe Passaus umgezogen, zu den Gegenwartsautoren, deren Gedichte und Prosatexte sogar in Lesebüchern und fachwissenschaftlichen Traktaten zur Unterrichtsvorbereitung anzutreffen sind. Gedichte wie "Das ende der kunst", "Düsseldorfer impromptu", "Der hochwald", "Rückkehr aus der versammlungsstadt" werden in Fachzeitschriften und Lyrikanthologien Lehrern und Schülern zur Interpretation im Literaturunterricht vorgeschlagen. Gleichermaßen findet Kunzes Prosa Anklang. Aus den "Wunderbaren Jahren" sind beispielsweise etliche Prosastücke aufgenommen worden in den Heften der Reihe "Moderne Erzähler", die der Schöningh Verlag herausgibt; sie bieten sich also für die schulische Lektüre an; es ist anzunehmen, daß Deutschlehrer sich durch die Vorauswahl, die Verlag und Herausgeber unter Kunzes Prosatexten (und aus dem großen Angebot moderner Erzählliteratur) vorgenommen haben, anregen und leiten lassen. Zu den vorgeschlagenen Texten zählen u.a. "Fünfzehn", "Weihnachten", "Ballast", "Clown, Maurer oder Dichter" und "Wenigstens".

Zahlreiche Lesebücher enthalten seit Mitte der 70er

Jahre Gedichte von Reiner Kunze. "Textbuch 7" des Oldenbourg Verlags druckt bereits 1972 "Fermate nach Böhmen". "Das ende der kunst" ist in dem vom Bremer Kollektiv herausgegebenen Band "Projekt Deutschunterricht 8" (1974) interpretiert. In dem Lesewerk für Realschule "westermann texte deutsch" finden sich für das 8., 9., 10. Schuljahr (erschienen 1976, 1977, 1978) die folgenden Werke: "Zweites gedicht über das fensterputzen" (aus: "Sensible Wege"), der Prosatext "Fünfzehn" (aus: "Die wunderbaren Jahre"), das Gedicht "Siebzehnjährig" (aus: "Zimmerlautstärke"), ein Ausschnitt aus "Einundzwanzig variationen über das thema 'die post'" (aus: "Sensible Wege"). Das 1979 bei Westermann publizierte "Werkbuch Lyrik" enthält mehrere Kunze-Gedichte, darunter "Das ende der kunst", "Das ende der fabeln" und "Sensible wege". Die "Arbeitsreihen Deutsch" für Klasse 7/8 und 9/10, bei Klett 1977 und 1976 erschienen, notieren das Gedicht "Die antenne" und das Gedicht "Die bringer Beethovens" aus "Sensible Wege"; die Herausgeber des Lesebuchs "Arbeit mit Texten 9/10" (Schroedel & Crüwell 1980) berücksichtigen das Gedicht "Appell" aus dem Buch "Zimmerlautstärke".

Zahlreiche Texte Kunzes präsentiert auch der Schöningh Verlag in seinem vielgelesenen Unterrichtswerk "Wort und Sinn". Vom Band für Klasse 8 an, 1976 erschienen, begleiten seine Werke den Lektüreweg der Schüler. Der Band für das 8. Schuljahr bringt das "Düsseldorfer impromptu", der für das 9. Schuljahr (1977) den Text "Fünfzehn", der Band für Klasse 10 (1978) wartet mit "Das ende der kunst" und dem Gedicht "Erster brief der Tamara A." auf, dem die Interpretation Hans Mayers aus der "Frankfurter Allgemeinen Zeitung" vom 24. Dezember 1976 angefügt ist. Das Lesebuch des Bayerischen Schulbuch-Verlags "Deutsch 7", 1982 herausgegeben, druckt die Gedichte "Der sommer geht weg" und "Siebzehnjährig" (aus: "Zimmerlautstärke") ab. Der im nämlichen Verlag 1982 herausgebrachte "Vorkurs Deutsch" stellt angehenden Oberstufenschülern das Gedicht "Liebesgedicht nach dem start oder mit dir im selben flugzeug" (aus: "auf eigene hoffnung") vor.

Diese Hinweise sind unvollständig. Die Bibliographie Reinhard Schleppers "Was ist wo interpretiert?" verweist in 6. Auflage 1980 auf 17 Titel Kunzes, die für den Schulunterricht vorgeschlagen und interpretiert werden. Die nach wie vor führende Fachzeitschrift "Der Deutschunterricht" widmet Reiner Kunze zwei größere Aufsätze 1976 und 1978. Das Konkurrenzunternehmen "Praxis

Deutsch" läßt Kunze ebenfalls nicht unerwähnt. Schließlich sei darauf verwiesen, daß in der von Marcel Reich-Ranicki angeregten und herausgegebenen "Frankfurter Anthologie", die möglicherweise zunehmend den Deutschunterricht prägt, bis zum 5. Band, in dem der Herausgeber Zwischenbilanz zieht, vier Gedichte Kunzes interpretiert worden sind. Der Autor ist damit neben Sarah Kirsch von den Lyrikern der Gegenwart am stärksten in der genannten Anthologie präsentiert.

Kunzes Popularität in Öffentlichkeit und Schule überrascht, hält er doch eher Distanz zum Literaturbetrieb, enträt er doch der Kunst geschäftig-mediengerechter Selbstdarstellung. Ihm kommen nicht Fähigkeiten zu, wie sie Peter Schneider im "Mauerspringer" an Wolf Biermann beobachtet hat, die Fähigkeit, "sich in einem Konzertsaal mit fünftausend Zuhörern wie in einem Wohnzimmer zu bewegen, und die Komplementärfähigkeit, sich in einem Wohnzimmer zu benehmen, als säßen in ihm fünftausend Leute." Reiner Kunze übertönt nie die Zimmerlautstärke. Er schreibt und äußert sich in einer Weise, die das Schweigen als ebenbürtige Gegenmöglichkeit, als sprachlosen Gegen-Satz zur (Ent)äußerung immer auch zugleich erkennbar werden läßt. Zeitweise, wenn er tatsächlich schweigt, mag für ihn der bedrükkend schöne Doppelvers Wolfgang Bächlers gelten: "Wer mein Schweigen nicht annimmt, / dem habe ich nichts zu sagen." Im Seneca-Motto, das Reiner Kunze dem Band "Zimmerlautstärke" vorangestellt hat, drückt sich ein verwandtes Selbstverständnis aus: "... bleibe auf deinem Posten und hilf durch deinen Zuruf; und wenn man dir die Kehle zudrückt, bleibe auf deinem Posten und hilf durch dein Schweigen."

Man kann Kunze auch nicht vorwerfen, er habe sich überaus wendig der jeweils neuesten Stimmung im Westen und der aus ihr herrührenden Variante lyrischen Sprechens anbequemt. Was Thematik und Tonart, sie zur Sprache zu bringen, angeht, ist Kunzes Poesie spätestens seit Ende der 60er Jahre von auffälliger Kontinuität, fast von Sturheit in der Wahl der formalen Mittel geprägt. Das Alltagsparlando findet der Leser in seinen Gedichten so wenig wie jenen "hübsch gewerkelten Untergangs-Feuilletonismus", den Joachim Seyppel in Günter Kunerts Lyrik entdeckt. Einem ins Gefällige tendierenden Pessimismus begegnet der Band mit dem nahezu programmatischen Titel: "auf eigene hoffnung".

Einem so exzellenten Autor wie Reiner Kunze, der als Lyriker immer auch in Gefahr ist, im Literaturbetrieb und in den weiterverarbeitenden Kulturwerkstätten, zu denen die Schule zählt, kaum wahrgenommen oder wieder vergessen zu werden, sind viele Leser zu wünschen, junge Leser zumal.

Um diesen Literaturbetrieb geht es Kunze im Gedicht "Apfel für M.R.-R.", das mit einer Einzelinterpretation verbunden als ein neuer Text des Autors für den Deutschunterricht vorgeschlagen wird. Es mag deutlich werden, auf welche Weise unter den veränderten Bedingungen einer neuen gesellschaftlichen Umwelt der Autor Kunze sich im Spannungsgebiet zwischen leisem Sprechen und "schallendem Schweigen" (eine Fügung Rose Ausländers) zu Wort meldet, wie er einstimmt in den verhaltenen Chor der modernen Poesie. Die Melodie hat Kunzes Kollege Octavio Paz angestimmt: "Gegen das Schweigen und das Getöse erfinde ich das WORT, Freiheit, die sich erfindet und mich erfindet Tag für Tag."

Um nicht als Schulgermanist Attacken ausgesetzt zu sein -,

> GROB
>
> Von hundert germanisten liebt die dichtung einer
> Berufen ist zum germanisten außer diesem keiner
>
> <u>Interpretationshilfe</u>
> Außer diesem einen
> mag der autor keinen
>
> (aus: "auf eigene hoffnung", S. 104) -,

unterbleiben alle absurden Operationalisierungen von Lernschritten, alle Didaktisierungen, soll die gesamte fachspezifische Phraseologie fehlen; ist es doch schon vermessen genug, ein Gedicht vorsichtig erläutern zu wollen. Wie könnte der Interpret verdrängen, was Kunze, gefragt, ob er etwas über dessen Gedichte schreiben könne, im Nachwort zu Jan Skácels "wundklee" feststellt:

> "Nichts anderes, als andere mit anderen worten über gedichte anderer schon unzählige male geschrieben haben, und das unzählige male nicht zur kenntnis genommen worden ist: Nicht jedes gedicht eines jeden dichters ist in jedem augenblick etwas für jeden."

## APFEL FÜR M. R.-R.

> Ich finde, es ist höchste Zeit, daß es wieder etwas Neues von Ihnen zu lesen gibt.
> (M.R.-R., brief vom 12. dezember 1978)
>
> Bitte, lassen Sie von sich hören und schicken Sie mir Manuskripte, denn es ist ja nun höchste Zeit, daß es in unserer Zeitung etwas von Ihnen zu lesen gibt.
> (M.R.-R., brief vom 29. mai 1980)

Höchste zeit kommt von innen

Höchste zeit ist, wenn die kerne
schön schwarz sind

Und das weiß zuerst
der baum

Die aufmerksame Lektüre des Gedichts "Apfel für M.R.-R." eröffnet Schülern Einblick in Gesetzmäßigkeiten des bundesrepublikanischen Literaturbetriebs und läßt sie wahrnehmen, auf welche Weise ein Autor sich mit dem Literaturbetrieb auseinandersetzen kann, ohne in deklamatorische Ablehnung fruchtlos zu verfallen. (Das Gedicht "den literaturbetrieb fliehend" könnte sich korrespondierend hinzugesellen.) Kunze, bis 1977 in der DDR eher gewohnt, daß ihm Publikationen versagt worden sind, sieht sich dringlich aufgefordert, etwas zu veröffentlichen. Die Unterdrückung gezielter und schmerzhafter poetischer Aussagen in einem deutschen Staat löst die Nötigung, das Schweigen zu brechen, ab. In einem deutschen Staat durch die Handlanger staatlicher Kulturpolitik zum Verstummen verurteilt, sieht sich der Lyriker Kunze im anderen deutschen Staat zum Schreiben verurteilt. Er wäre es zumindest, unterwürfe er sich den Gesetzen der Publish-or-perish-Logik. Und diese zu akzeptieren, legt ihm der Mitarbeiter eines privatwirtschaftlich und gewinnorientiert geführten Unternehmens ("in unserer Zeitung") nahe. Es wird deutlich, daß ein Schriftsteller die Grenze zwischen zwei gegensätzlichen politischen Systemen (deutscher Nation) nicht ohne Folgen für seine Veröffentlichungspraxis überschreitet: Der bundesrepublikanische Literaturbetrieb duldet keine Atempausen, keine Schweigezeit; das Wechselspiel von Verheimlichung und Publikation poetischer Texte wird von ganz anderen Regeln beherrscht als in der DDR.

M.R.-R. - hinter der Buchstabenkombination verbirgt sich, unschwer auszumachen, der fixeste Literaturkritiker der Bundesrepublik, der, wie Udo Steinke in seinem Roman "Horsky, Leo" jüngst schrieb, "bekannte literarische Rauhhaarsprecher einer 'Zeitung für Deutschland'" - wünscht, daß es "etwas Neues" von Kunze zu lesen gäbe. Es muß etwas auf den Markt! Hauptsache, es ist neu. Darin unterscheidet sich die Herrenoberbekleidung nicht von der Literatur. Die zitierten Brief-Äußerungen offenbaren des Brief-Autors Neutralität gegenüber den Inhalten des Neuen. Ihn interessiert offensichtlich in erster Linie, den Marktwert des Adressaten zu nutzen, zu wahren, zu steigern. (Es handelt sich dabei um ein Geschäft auf Gegenseitigkeit. Die Zeitung profitiert ihrerseits vom Marktwert des ermahnten Autors.) Literatur ist immer auch Ware; die Sätze des M.R.-R. signalisieren ihren Warencharakter und beschwören - "Bitte,..." und "höchste Zeit" - den Poeten, seinen Marktwert zu bedenken.

Die Erkenntnis, in eine Marktwirtschaft geraten zu sein, ist Reiner Kunze rasch nach seiner Übersiedlung in die Bundesrepublik gekommen: "Der Terror in der DDR besteht in der Unterdrückung, dem Mangel an Öffentlichkeit, hier in der Allgegenwart der Öffentlichkeit. Menschen werden zu Waren, die nach ihrem Marktwert beurteilt werden." In solchen Sätzen Reiner Kunzes drückt sich erfahrene, erlittene Geschichte, auch Literaturgeschichte in einem gespaltenen Land aus. Ein Autor kann, geht es um Literatur und Leben, vergleichen: Seine Werke reizen den Interpreten zu vergleichenden Literaturbetrachtungen.

Auffallend sind die ver-rückten Proportionen des Gedichts "Apfel für M.R.-R." Damit wird in der Tat herkömmlichen formalen Vorstellungen widersprochen: Im Verhältnis zwischen Motto und Gedicht, zwischen prosaischen Vor-Sätzen und poetischen Hauptsätzen sind die Gewichtungen umgestülpt. Das Gedicht besteht nicht aus zwei gleichwertigen Teilen. Die Brief-Zitate sind, deutlich eingerückt, als - aus der Fasson geratenes - Motto wohl zu verstehen. Eine ähnliche Gewichtsverlagerung prägt manch anderes Kunze-Gedicht, wenn ein umfänglicher Titel einem höchst komprimierten, wortkarg gehaltenen Gedichtkorpus voransteht, Kunzes Gedichte sind oft Titel-lastig (vergleichbar einigen Gedichten Ernst Jandls wie "spruch mit kurzem o"); der Band "auf eigene hoffnung" enthält Beispiele dafür ("ideologenwunsch hier wie dort") genauso wie der Band "Zimmerlautstärke"

("Auf einen vertreter der macht oder gespräch über das gedichteschreiben"). Im Gedicht "Apfel für M.R.-R." ist die Titel-Last ins Motto gerutscht; dieses, sprachlich üppig geraten, schwebt bedrohlich über dem fragilen Gedicht, droht, es mit seiner Wort-Last, mit seiner Sprachgewalt zu erdrücken. (Gleiches läßt sich am Beispiel des Gedichts "in Deutschland" beobachten; wie "Apfel für M.R.-R." gehört es fast auch zur visuellen Poesie.)

"Apfel für M.R.-R." lebt von den Kontrasten zwischen prosaischer Nötigung und lyrischer Gegenwehr. Es lebt von der Neugier des Lesers zu erfahren, ob die lyrischen Untersätze die Wort-Last des beängstigend schwebenden Mottos aushalten. Die Spannung zwischen Motto und versifizierter Replik entfaltet sich in etlichen Facetten.

Ungeduld scheuert an Gelassenheit. Das erzeugt Spannung. Eine gleichermaßen behutsam wie bestimmt formulierte lyrische Antwort schafft, Wort für Wort präzis gesetzt, eine spannungsreiche Beziehung zur Sprache der Brief-Zitate, in denen die Wortfüllsel unbedachten und eilfertigen Formulierens dominieren ("Ich finde,..."; "..., denn es ist ja nun"). Kunzes Folge- und Gegensätze sind eindringlich schlicht und schlank gefaßt und setzen so der zitierten Geschäftigkeit, die sich in hypotaktisch geprägten Satzmustern ausdrückt, dem Quengeln und dem Drängeln die geduldige Reflexion in drei Gedankenschritten entgegen. Kunzes Verse, dreimal variiertes Credo, sind voneinander abgesetzt, durch Zwischenräume voneinander getrennt: Zeit-Räume. Der Abstand zwischen den Strophen erlangt und verlangt Bedeutung. Jeder Aussage wird Gewicht verliehen. Es ist Zeit, jeden Satz abzuschmecken. Nicht nur der Autor beansprucht Zeit für die Entstehung seiner Gedichte. Er legt dem Leser nahe, nachdenklich zu prüfen, was er liest.

Das in den zitierten Briefen schnell Gesagte könnte einleuchten: der Literaturbetrieb hat seine Gesetze, folgt den Prinzipien des gesunden Menschenverstands, wird regiert von Angebot und Nachfrage; daran muß - stecken die Marktgesetze doch in unseren Köpfen - nur flink erinnert werden. Derartige Denkfixierungen zu erschüttern, braucht es Geduld, die Kraft, (auch als Leser) im Schweigen verharren zu können, das Schweigen anzunehmen, das zwischen den Versen formuliert steht. Die Art, in der Kunze die Inkubationsprozesse literarischer Produktion bestimmt, verleitet den Leser zu einer Haltung bedächtiger Prüfung auch den Aussagen des Lyrikers gegenüber. Dessen Verse sind Gedankenlyrik.

Denken entfaltet sich im klärenden, prüfenden Nachdenken der zitierten Gedanken (weniger im Nachdenken über sie), im Nachsprechen von Äußerungen, die sich als gedankenlos erweisen. Das Spannungsverhältnis zwischen Brief-Zitaten - die längst zum unverzichtbaren Bestandteil des Gedichts geworden sind, längst ihrem Urheber, ehedem geistiges Eigentum, abhanden gekommen sind: Gedankenfetzen auf merkwürdiger Wanderschaft - und Versen erschöpft sich nicht im fruchtlosen Kontrast von Behauptung und Gegenbehauptung. So bestimmt der Poet seine Verse auch formuliert: Es verbindet sie mit den Zitaten gleichermaßen das Verfahren der Wiederaufnahme wie des Widerspruchs, sie sind gleichermaßen Spiegelung wie Entgegnung, Nachprüfung wie Gegensatz.

So greift Kunze das Schlüsselwort der Brief-Appelle nachdrücklich wiederholend auf, rückt, was im Formulierungsfluß der Briefprosa untergeht, zweimal ins Bewußtsein. Die poetische Arbeit am vorgegebenem Sprachmaterial besteht darin, Hergesagtes, folglich Untergegangenes hervorzuheben, aufzuheben. Zwei von drei Strophen setzen deshalb mit der (dem Nachdenken ausgesetzt: merkwürdigen) Dringlichkeitsfloskel "Höchste zeit" ein. Derart an den Versanfang gerückt, wird sie deutlich exponiert. Sie läßt sich nicht mehr übersehen.

Auf dem Wege wörtlicher Wiederholung entwickelt Kunze seine drei Gegen-Sätze. Dabei wird vollends deutlich, daß "Apfel für M.R.-R." ein Zeit-Gedicht im mehrdeutigen Sinn ist (die Sinnvariante, der Heines "Zeitgedichte" verpflichtet sind, eingeschlossen). Der Autor erhebt die Zeit zum Thema, befaßt sich mit Zeit-Maßen, Zeit-Angaben, Zeit-Einheiten, Zeit-Steigerungen, mit dem Zeit-Geist, kurz: mit Fragen der Zeit.

Zwischen den beiden Briefen vom 12. Dezember 1978 und vom 29. Mai 1980, aus denen zitiert wird, ist Zeit verronnen. Wie kann es, offenbar ist Reiner Kunze in der Zwischenzeit, die nach Monaten, nach Jahren zählt, dem Verlangen des M.R.-R. nicht nachgekommen, beide Male "höchste Zeit" sein? Das zweite Zitat stellt unübersehbar eine nichtssagende Doppelung des ersten dar. Beide Zitate gleichwohl festzuhalten, sie hintereinander zu setzen, hat Methode. Der Poet, Hüter der Wortschätze, wehrt sich gegen einen inflationären Umgang mit Begriffen, Begriffsfügungen. Er macht sich die benutzten Begriffe zu eigen, sucht, sie gegen Abwertungen zu retten, und wertet sie, indem er ihnen neues Leben inspiriert, wieder auf: Poesie als Rettung der Sprache gegen ständig wertmindernde Sprachverwendung. Dem Prozeß der Sprach(wieder)belebung ist der Gedankengang innig eingewoben, daß Zeit nach unterschiedlichen Maßstäben zu messen sei. Wechsel und Ablauf der Jahreszeiten gehorchen anderen Gesetzen als denen von Angebot und Nachfrage. Nicht ohne Grund ist von einem Naturprodukt die Rede. Der die Natur ohne Geduld sieht, weil er den fordernden Rhythmus der Rotationsmaschinen verinnerlicht hat, findet sich auf elementare Reifeprozesse verwiesen. Wie kann er, als sei immer alles gleichzeitig zu haben, im Dezember, wie im Mai einen Apfel verlangen, einen reifen womöglich? Er wird sich gedulden müssen bis zum Herbst, bis zum nächsten Bücherherbst zumindest.

Ein Gedicht braucht Entstehungs*zeit*. Ein Gedicht wird überhaupt sehr selten gemacht - ein Gedicht entsteht. So ließe sich die berühmte Provokation aus Gottfried Benns Rede "Probleme der Lyrik" umkehren. "Apfel für M.R.-R." ist auch eine kleine Ars Poetica, ein Gedicht über die Entstehung von Gedichten, eine Stellungnahme in der Ewigkeitsdebatte über das Wechselspiel von Handwerk und Inspiration im lyrischen Schaffen. Der Autor wendet sich gegen die Philosophie der Macher auf dem Gebiete der Poesie. Ein Gedicht ist kein Machwerk (an Celans frühes Diktum sei erinnert, er habe erlebt, wie das "Machen" über die Mache allmählich zur Machenschaft wird). Das Gedicht darf, befreit von jedem äußeren Zeitdruck, wachsen, muß reifen, kann so nur fruchtbar werden; schwarze Kerne verbürgen die Fruchtbarkeit. Im alten poetischen Bild der reifenden Frucht drückt sich Kunzes poetologisches Selbstverständnis aus.

Weshalb aber wählt Kunze das Bild des Apfels (der immer auch ein sinnlich konkreter ist), um den vorgestellten Reifeprozeß zu betonen? Kunze liebt Äpfel. 1967 ist das Gedicht "Der apfelesser" entstanden, aufgenommen in "Sensible Wege" und in "Brief mit blauem Siegel". In ihm entfaltet der Dichter Überlegungen, die an "Apfel für M.R.-R.", 1980 entstanden, erinnern; Schlüsselfügungen wie "sie aber / seien die reifsten" und "In jeder / zehn schwarze weisheiten" und das Schlüsselwort "zeit" finden sich in "Der apfelesser". Erinnert sei auch an das schöne Gedicht "beschneiden der apfelbäume im winter" aus dem Band "auf eigene hoffnung". - Es ist ganz einfach: Wer nie Brechts "Begeisterung über den blühenden Apfelbaum" (im Streit mit dem "Entsetzen über die Reden des Anstreichers") gespürt hat, die Trauer um untergegangene Apfelsorten nicht kennt, nicht Hebbels

"Herbstbild" vor Augen hat, dem ist, geht es um Äpfel, nicht zu helfen.

Und doch weist der "Apfel"/Apfel über sein sinnlich-fruchtbares Dasein hinaus, denn er wird bedeutungsschwer weitergereicht. Welchen Kunstrichter Adam soll er zu Fall bringen? Oder ist er vielleicht, da von verlockender Äußerlichkeit, im Kern vergiftet: poetisch verkleideter Racheakt? Oder gilt er nur - sorry, Raddatz; halten zu Gnaden, Kaiser, - dem schönsten Literaturkritiker Deutschlands? Wer weiß.

Der betriebsame Quälgeist erhält mehr, als er verlangt hat; er hat nur "etwas Neues" wollen, kann jetzt eine nach dem Zeitmaß ihrer inneren Uhr gereifte Frucht sein eigen nennen. "Apfel für M.R.-R." ist ein Widmungsgedicht. Es ist demjenigen, der ungewollt die lyrische Reflexion ausgelöst hat, zugeeignet. Indem M.R.-R. in aller Öffentlichkeit eine Abfuhr erteilt bekommt, darf er sich doch, Adressat einer Zueignung, heimlicher Zuneigung erfreuen: eine unverhoffte Hommage. So wird der Tempomacher des Literaturbetriebs aus diesem ins Wunderreich der Poesie zurückgeholt.

RUDOLF WOLFF
# Kunst wendet innere und äußere Not
## Gespräch mit Reiner Kunze

### Einflüsse und Vorbilder

Ich möchte mit einer scheinbar profanen Frage beginnen, um danach die Sie beeinflussenden Vorbilder eingrenzen zu können. Welche Bedeutung hat für Sie das Schreiben, worin sehen Sie überhaupt den Sinn der Kunst angesichts der zunehmend materialistischeren Ansätze in unserer Gesellschaft, angesichts aber auch der fortwährenden Verschlechterung der Lebensverhältnisse, der sich Künstler - so auch Schriftsteller - konfrontiert sehen. Und wenn wir ehrlich sind, müssen wir zugeben, daß auch Sie sich, obwohl in der Zwischenzeit ein bekannter Lyriker, mit Ihren Büchern keine 'Reichtümer' erschrieben haben.

Nein, 'Reichtümer' im finanziellen Sinne habe ich mit meinen Büchern nicht erwerben können. Aber das kann ohnehin kein Grund sein, sich der Kunst zu nähern.

Edvard Munch hatte als Jugendlicher einmal eine Auseinandersetzung mit seinem Vater. Am Abend wollte er zu ihm ins Zimmer gehen, um sich wieder zu versöhnen. Was dann geschah, beschreibt Munch in einer Aufzeichnung: "Ich ging nach Hause und wollte mich mit meinem Vater versöhnen, er war aber schon in sein Schlafzimmer gegangen. Leise öffnete ich die Tür, mein Vater kniete neben dem Bett und betete. Das hatte ich noch nie gesehen. Ich schloß die Tür und ging in mein Zimmer. Ich war ruhelos und konnte nicht einschlafen. Schließlich holte ich meinen Zeichenblock und fing an zu zeichnen. Ich zeichnete den Vater am Bett knieend, das Licht auf dem Tisch hatte über das Nachthemd einen gelben Schimmer geworfen. Ich holte noch den Farbkasten und setzte Farben ein. Endlich gelang es mir. Ich legte mich beruhigt hin und schlief schnell ein."

Kunst ist für den, der sie hervorbringt, Notwendigkeit. Sie wendet innere Not und manchmal, wenn er großes Glück hat, auch äußere.

An einer anderen Stelle sagt Munch: "Wenn mir ein neues Gesicht begegnet, stelle ich mir immer die Frage: Was ist das für ein Mensch? Ich habe keine Ruhe, bis ich ihn gemalt habe." Und noch einmal Munch: "Ich male nicht, was ich sehe, sondern was ich sah." Warum hatte er denn keine Ruhe? Weil man zu allem Neuen, das einen bewegt, eine Haltung gewinnen muß. Und im Kunstwerk geschieht das. Klee sagt: "Kunst gibt nicht das Sichtbare wieder, sondern macht sichtbar." Es entsteht eine neue Wirklichkeit im Kunstwerk, die durch den Künstler gefiltert ist, wo er seine ganze Erfahrung, seine ganze Mentalität, sein ganzes eigenes Sein mit einbringt, um zu diesem Wirklichkeitsbereich eine Haltung zu finden.

Die Kunst macht sichtbar, indem sie die Wirklichkeit reflektiert?

Ja, sie macht das in der Wirklichkeit Nicht-Sichtbare sichtbar.

Könnte in dieser Kunstdefinition, die sich zur sozialistischen Auffassung wohl beinahe diametral entgegensetzt verhält, nicht schon der Keim für die Mißverständnisse liegen, denen Sie in der DDR ausgesetzt waren und die Ihnen letztlich auch das Publizieren dort so erschwerten?

Das Wenige, was ich jetzt über die Kunst, über das Wesen der Kunst zu wissen glaube, habe ich damals nicht gewußt.

Ich habe zwar eigentlich von klein auf, wahrscheinlich schon aus innerer Notwendigkeit heraus, das getan, also musiziert, gemalt und geschrieben, aber als es dann Formen annahm, die heute relevant sind, weil sie gedruckt existieren, da habe ich eigentlich, fehlgelenkt wie ich es war, gar keine Veranlassung geboten, Widerstände hervorzurufen, denn was ich damals schrieb, war eigentlich Illustration vorgegebener Ideen. Von Entdekkung der Wirklichkeit in mir und um mich herum kann überhaupt keine Rede sein.

Dennoch gibt es auch aus jenen Zeiten einige ganz wenige Gedichte, die ich heute noch in jeden Sammelband aufnehmen würde. Das heißt auch: Es gibt also einzelne Gedichte, die durch das ideologische Eisen nicht erdrückt worden sind. Das ist für mich ein Beweis dafür, daß es, wenn ich mit der Welt anders nicht fertig werde, die mir gemäße Art ist, sie mir poetisch anzueignen.

Sie haben eingangs Edvard Munch erwähnt, mit dessen Auffassung über Kunst und Ästhetik Sie offensichtlich übereinstimmen. In diesem Zusammenhang scheint es mir wichtig festzuhalten, daß Sie jahrelang selbst gezeichnet und gemalt haben und lange mit sich zu Rate gehen mußten, um die für Sie geeignete Kunst - Malerei, Dichtung und schließlich auch die Musik, von der wir noch gar nicht geredet haben - herauszufinden.

Es stand eigentlich fest, daß ich zur Malerei gehe. Aber ich habe auch Verse geschrieben - schon als Kind. Ich habe mich schließlich für die Literatur entschieden, weil ich am Statischen des Malens und Zeichnens litt. Ich wollte Bewegung realisieren, das, was geschieht, eben Geschehen und Geschehnisse - Geschichten.

Außerdem habe ich beim Malen, das ist mir auch erst später bewußt geworden, poetische Bilder umgesetzt. Ich bin von Haus aus offensichtlich kein Maler, dem ja die Farbe, die Linie, die Fläche, der Raum das sein muß, worin er sich ausdrücken kann. Wahrscheinlich habe ich mich deshalb im letzten Augenblick für die Literatur entschieden.

Und wie war das mit der Musik? Sie haben in einem früheren Gespräch einmal angemerkt, daß Sie auch mit der Musik geliebäugelt haben, daß aber Ihre Fähigkeiten nicht ausreichten.

Ja, das ist richtig. Um den Ansprüchen gerecht werden zu können, die ich an ein aktives Musizieren stellen müßte, reicht meine Begabung keineswegs aus.

Die Musik ist mir aber noch heute die liebste aller Künste. Ich habe dann auch Musikgeschichte studiert und beschäftige mich noch immer intensiv mit Musik.

Zumindest hat die Musik Sie auf Ihrem schriftstellerischen Weg ständig begleitet - und beeinflußt?

Stark beeinflußt. Wenn ich zum Beispiel nach Vorbildern gefragt werde, nenne ich zuerst immer Musiker. Nicht von der Persönlichkeit her, sondern vom musikalischen Aufbau her, von der Konstruktion, vom Künstlerischen her. Was für Wunder sind zum Beispiel Mozarts Missae breves, bei denen mit einem Minimum an Aufwand ein Maximum an Ausdruck verwirklicht worden ist.

Für mich, für meine künstlerische Entwicklung sind die musikalischen Einflüsse wahrscheinlich entscheidender gewesen als die literarischen. Damit will ich nicht sagen, daß es keine literarischen Einflüsse gäbe.

Ich glaube nicht, daß sich überhaupt jemals ein Schriftsteller literarischen Einflüssen entziehen kann.

Sicherlich nicht.

Auf die Frage, "auf wen berufen Sie sich", haben Sie im Gespräch mit Ekkehart Rudolph ausschließlich Albert Camus genannt. Ich muß zugeben, daß mich Ihre Antwort überrascht hat, zumal Sie in dem Gespräch mit Rudoplh nur Camus erwähnt haben.

Zu meinen Wahlahnen gehören unter anderen Erasmus von Rotterdam, Sebastian Castellio und Albert Camus.

Ich habe mich ausführlich mit Erasmus beschäftigt und bagatellisiere seine Fehler nicht. Zum Beispiel hätte er Hutten bei den schweizer Behörden niemals denunzieren dürfen. Aber er hat sich nie einer Partei verschrieben und war ein konsequenter Skeptiker, der auch seinen eigenen Maßstab in Zweifel zog. Einer seiner Gedanken, der mir nachgeht, seit ich ihn kenne, lautet: "Denn es wirkt ein ursprünglicher Zauber in der Wahrheit, sobald sie nicht verletzt."

Sebastian Castellio gilt als der Begründer des modernen Toleranzgedankens. Von ihm stammt der Satz: "Einen Menschen verbrennen, heißt nicht, eine Lehre verteidigen, sondern: einen Menschen töten." Und Castellio ging einen Schritt über Erasmus hinaus. Als der spanische Gelehrte Servet auf dem Scheiterhaufen verbrannt wurde, verteidigte ihn Castellio unter Einsatz des eigenen Lebens. Dabei ist er einer, der den Kampf nicht sucht: "Wenn ihr aber ... fortfahren solltet, mich mit Haß zu bekämpfen, ... so kann ich nur noch schweigen." Das sind Haltungen, die mich betroffen machen, von denen ich nicht loskommen werde. Deshalb sagte ich Wahlahnen, also Vorbilder im ethisch-moralischen Sinn.

Jetzt komme ich zu Albert Camus. Er gilt als Existenzphilosoph, aber wir wissen, daß die Existenzphilosophie keine geschlossene Strömung ist. Kierkegaard und Sartre waren ja auch Existenzphilosophen.

Mir ist bisher Gotteserfahrung nicht zuteil geworden. Ich habe bisher nur die Erfahrung machen können, daß ich als Individuum einem eisigen Nichts gegenüberstehe, und ich sehe keinen von außen vorgegebenen Sinn in meiner Existenz. Das heißt nicht, daß ich keinen Sinn in meinem Leben sähe. Camus hat für mich formuliert, was mir als Nichtphilosoph zu formulieren nicht gegeben ist, nämlich daß ich in diesem Dasein Auge in Auge mit dem Nichts leben und angesichts dieses Nichts versuchen muß, mein Menschsein zu begreifen; daß ich verantwortlich bin, daß ich Verantwortung habe für andere und anderes.

Ihre Antwort kann als These für die Behauptung herangezogen werden, daß trotz aller Handlungen des Individuums eine substantielle Veränderung der Menschen unmöglich ist. Das ließe sich zudem anhand vieler literarischer Werke von Jean-Paul Sartre bis hin zu Samuel Beckett belegen.

Ich würde mich dagegen verwahren. Nur sollten wir uns vor Illusionen hüten. Es hat immer einige Menschen gegeben, die die materielle und die geistige Entwicklung der Menschheit vorangebracht haben, aber die Menschheit hat herzlich wenig gelernt, und der Mensch selbst ist von so vielen Trieben und Instinkten bestimmt und geprägt, daß es eines außerordentlichen Bewußtseins bedarf, um sich des Menschen im Menschen zu versichern.

Wie hat sich der Einfluß der Lehre Camus' auf Ihr Werk ausgewirkt. Ich sehe eigentlich keine direkte Beeinflussung.

Nein, das ist richtig. Camus hat mich nur indirekt beeinflußt, indem ich mir meiner Weltsicht klarer, bewußter geworden bin, und diese 'neue' Sicht geht natürlich ein in die Texte.

## Literarische Anfänge

Wir haben schon zu Beginn kurz Ihre literarischen Anfänge gestreift und feststellen können, daß Sie die verfaßten Gedichte insofern als eigene Produkte akzeptieren, als sie zu Ihrer Entwicklung gehören. Stimmen Sie auch dem Urteil zu, anfangs dem Gesellschaftssystem in der DDR bedingungslos gläubig und ohne Kritik gegenübergestanden zu haben?

Ja, absolut. Es gibt allerdings einen Unterschied zwischen 1955 und 1959. Da ist eine Entwicklung zu erkennen, da gibt es schon Nuancen. Aber im wesentlichen haben Sie recht.

Mir erscheint es eigentlich auch aus Ihrer Biographie hergeleitet nicht unverständlich. Sie sind als Sohn eines Bergarbeiters geboren und sollten ursprünglich ebenfalls Handwerker oder Arbeiter werden. Nach dem Kriege fanden Sie sich in der Oberschule wieder, machten Ihr Abitur und studierten Journalistik und Philosophie. Das entsprach damals einer Musterkarriere. Folgerichtig lobten Sie den Staat, der Ihnen so viele Möglichkeiten geboten hatte. Das mußte sich selbstverständlich auf Ihre Gedichte übertragen.

Ich war damals so naiv und fehlgeleitet, auch so ungebildet, denn wir sind an der Universität absolut eingleisig unterrichtet worden, und die Isolation war so groß, daß es Glücksumstände bedurfte, um an Informationen heranzukommen. Mir fehlten die Maßstäbe, mir fehlte die Skepsis, die mir auch vom Elternhaus nicht mitgegeben werden konnte. Ich kam aus einem so einfachen Elternhaus, daß ich ganz naiv bereit war, alles, was mir jetzt an Geist geboten wurde, für bare Münze zu nehmen, nicht sehend, was da an Indoktrination das Hirn überschwemmte.

Insofern ist alles, was ich geschrieben habe, ehrlich gewesen. Ich werde das, was ich damals geschrieben habe und was ich heute nicht nur nicht vertreten kann, sondern als eine totale Entgleisung empfinde, nicht verleugnen. Es gehört zu meiner Entwicklung, aber es hat mit Literatur nichts zu tun. Es hat keinerlei literarischen Wert, es ist eine zum Teil peinlich-billige Illustration.

Ihre ersten Gedichtbände erschienen in der DDR 1955, "Die Zukunft sitzt am Tische" - zusammen mit Egon Günther -, und 1959 folgte dann Ihr erster eigener Band mit Liebesgedichten und Liedern: "Vögel über dem Tau". Diese beiden Bücher sind in der Bundesrepublik nicht erschienen. Hier wurde Ihr erstes Buch 1963 veröffentlicht.

Ja, das Buch heißt "Widmungen"; das würde ich eigentlich als mein Opus 1 bezeichnen, weil es das erste ist, das ich heute noch literarisch verantworten kann; wenn ich auch manche dieser Gedichte nicht von neuem publizieren würde. "Die Tür" heißt der nächste Band, der Nachdichtungen enthält. Er erschien 1964.

Yaak Karsunke schrieb anläßlich Ihres Buches "Sensible Wege": "Frühere Arbeiten von Kunze waren mir zu angestrengt kunstvoll, zu hochstilisiert metaforisch ..., auch der neue Band enthält noch Proben dieser Kunstlyrik, aber der vorherrschende Ton ist anders."

"Sensible Wege" erschien 1969. Da liegen sechs Jahre dazwischen.

Nur kurz vor den "Widmungen" erschien allerdings in der DDR der Gedichtband "Aber die Nachtigall jubelt"; die hierin aufgenommenen Texte gehören doch eher noch zu denen, die Sie selbst zu den "peinlich-billigen Illustrationen" rechnen?

"Aber die Nachtigall jubelt" liegt in der Entstehungszeit vor 1959. Das ist wichtig für die geistige und entwicklungsmäßige Einordnung. 1961 erschien dann noch das Übersetzungsbändchen "Der Wind mit Namen Jaromír".

Trotz dieser recht unterschiedlichen Gedichtbände, die - betrachten wir das in der Relation zu Ihrem heutigen 'Gesamtwerk' - innerhalb einer für Sie kurzen Zeit herausgekommen sind, ist es überraschend, daß in der DDR plötzlich kein Buch mehr von Ihnen erscheinen konnte. Die Abneigung der Kulturfunktionäre, deren Unlust, neue Bücher von Ihnen zu verlegen, scheint mir auch aus deren Sicht unbegründet.

Das hatte auch weniger mit dem jungen Autor zu tun. Ich habe an der Universität vier Jahre lang Vorlesungen über ein Gebiet gehalten, zu dem Marx, Engels, Lenin und Stalin nahezu nichts beigesteuert haben; und das, was sie beigesteuert haben, ist, um es vornehm auszudrücken, kaum von Belang. Ich konnte mich nur auf andere Quellen oder auf die eigene Forschung stützen, kaum aber etwas mit einem Zitat von Marx oder Engels absichern.

Das war suspekt. Hinzu kommt, daß ich zu den meisten Studenten ein enges Verhältnis hatte; und so entstand der Vorwurf, dieser Mann lenke mit seinen ästhetischen Theorien die Studenten von den wesentlichen Fragen der Partei ab.

Eines Tages sah man sich dann gezwungen, einen Vorwand zu suchen, um sich eines solchen Lehrers zu entledigen. Es war wirklich nur ein Vorwand - ich hatte keine Verbindungen zu einer konterrevolutionären Gruppe

-, und als sich dieser Vorwand nicht halten ließ, fand man einen anderen. Im Rundfunk waren einige Gedichte von mir gesendet worden, und mir wurde an der Universität ein Disziplinarverfahren gemacht, weil ich Liebesgedichte schriebe, die den Klassenkampf völlig außerachtlassen. Ein Mann, der so etwas schreibt, ist nicht in der Lage, sozialistische Studenten zu erziehen.

Dann kommt der Punkt, wo man entweder fallengelassen oder zu Kompromissen aufgefordert wird. Letzteres geschah in meinem Fall, aber ich war nicht willens, die mir angebotenen Kompromisse zu akzeptieren. In einem solchen Augenblick steht der Name bei allen Redaktionen, bei allen Verlagen und in den Ministerien vorläufig auf dem Index.

Kompromisse wollten Sie im Schreiben nicht eingehen. In einer Nachdichtung eines Gedichts von Milan Kundera heißt es: "Dichter sein heißt / bis ans Ende gehen / Ans Ende der Zweifel / ans Ende des Hoffens / ans Ende der Leidenschaft / ans Ende des Verzweifelns / Dichter sein heißt / immer bis ans Ende gehen." Dieses "bis ans Ende gehen" impliziert eine Kompromißlosigkeit, zu der Sie nach und nach in immer stärkerem Maß gekommen sind.

Dort, wo es an die Substanz geht, gehe ich keine Kompromisse ein - vorausgesetzt, ich durchschaue die Situation und erkenne, daß es an die Substanz geht. Beim Schreiben sind die für mich ausschlaggebenden Maßstäbe, daß ich das, was Text werden soll, so genau wie mir möglich, so ehrlich wie mir möglich und so einfach zu fassen versuche, wie es die Genauigkeit erlaubt.

## Die tschechische Poesie und deren Übersetzung

In dem Maße, in dem Sie beim Schreiben kompromißlos geworden sind, in diesem Maße haben Sie auch an Konturen, an Formen gewonnen. Das ist natürlich nicht nur auf die Erweiterung von Erfahrungen, auf das Alter usw. zurückzuführen. Wir haben schon feststellen können, daß Sie neben eigenen Gedichten auch Nachdichtungen verfaßt haben. Das erwähnte Gedicht "Dichter sein heißt" ist zum Beispiel eine Übertragung aus dem Tschechischen.

Meine Begegnung mit der tschechischen Literatur war bestimmend für meinen weiteren Werdegang. Das war eine völlig neue Erfahrung für mich. Diese Begegnung läßt sich genau datieren, denn vor dem Jahr 1960 war mir die tschechische Poesie eine fremde Welt.

> 1960 haben Sie angefangen, tschechische Poesie kennenzulernen. War das auch der Beginn Ihrer Übersetzertätigkeit?

Ich habe die tschechische Literatur in Linearübersetzungen meiner Frau kennengelernt. Da ich dann in der Tschechoslowakei gelebt habe, lernte ich auch die Dichter kennen. Schließlich begann ich, mich mittels der Linearübersetzungen und erster eigener Sprachkenntnisse in die Originale zu vertiefen.

> Wir haben bisher schon einige für Sie wesentliche Einflüsse herausarbeiten können. Mit der tschechischen Poesie lernen wir wohl jetzt den Einfluß kennen, der Sie nachhaltig prägte. Was beeindruckt Sie an dieser Poesie besonders, was macht sie für Ihr dichterisches Schaffen so wertvoll? Offensichtlich vermissen Sie diese Besonderheit in der deutschen Poesie?

Die deutsche Poesie ist anders. Die Inspiration gibt es im Rationalen ebenso wie im Bildhaften. Bei Nietzsche, der ein großer Dichter war, trifft oftmals beides zu. Nietzsche selbst hat dazu gesagt: "Der Begriff Offenbarung, in dem Sinn, daß plötzlich, mit unsäglicher Sicherheit und Feinheit, Etwas sichtbar, hörbar wird, Etwas, das einen im Tiefsten erschüttert und umwirft, beschreibt einfach den Tatbestand. Man hört, man sucht nicht; man nimmt, man fragt nicht, wer da gibt, wie ein Blitz leuchtet ein Gedanke auf, mit Notwendigkeit, in der Form ohne Zögern - ich habe nie eine Wahl gehabt ... Die Unfreiwilligkeit des Bildes, des Gleichnisses ist das Merkwürdigste."

Diese Inspiration, diese "Unfreiwilligkeit des Bildes" ist in der tschechischen, der slawischen Poesie viel gegenwärtiger als in der deutschen. Die tschechische Poesie ist von einer Bildkraft und Bildfülle, wie wir es im Deutschen kaum kennen. Hinzu kommt, daß es eine Poesie ist, in der - wie Halas sagt - ein Kinderherz schlägt. Eine Poesie von großer menschlicher Wärme. Das Abstrakt-Paradoxe findet man in der tschechischen Lyrik schon deshalb weniger, weil das poetische Denken tief im Volk verwurzelt ist. Es waren immer die Dichter, um die sich die Nation scharte.

Sie haben die besten Voraussetzungen mitgebracht, die Bildhaftigkeit und Bildkraft der tschechischen Poesie aufzunehmen. Denken wir nur an Ihr breites künstlerisches Spektrum - Malerei, Musik und Dichtung. War es diese umfangreiche Beschäftigung mit der Kunst, die Ihnen den Einstieg und das Verständnis für die tschechische Poesie erleichterte?

Darüber habe ich eigentlich noch nicht nachgedacht. Dieser Aspekt scheint mir nicht ganz abwegig zu sein. Milan Kundera hat einmal geschrieben, daß ich der slawischste Deutsche sei, den er kenne. Ich habe mir das nie erklären können.

Sie haben u.a. Jan Skácel, Vladimír Holan, Milan Kundera, Ludvík Kundera und Josef Topol übersetzt. Worin liegen die Schwierigkeiten für Sie?

Ein Gedicht aus einer fremden Sprache in die eigene zu übertragen heißt, ein Gedicht zu schaffen, dem man nicht anmerkt, daß es nicht in der eigenen Sprache geschrieben worden ist. Die Schwierigkeiten liegen darin, daß die Übersetzung dem Original in den poetischen Bildern, in den Gedanken, in der Stimmung, in den sprachlichen Anspielungen, in Vers, Rhythmus, Reim, Enjambement, Lautmalerei usw. so nahe wie möglich kommen muß. Und es darf dann nicht nur ein Gleiches, sondern es muß ein Gleichwertiges entstehen.

Haben Sie Vorbilder für Nachdichtungen?

Wenn ich an die Zeitgenossen denke, an meine Kollegen, dann verehre ich Karl Dedecius, der ein glänzender Nachdichter aus dem Polnischen ist.

Der größte aller Übersetzer ins Deutsche ist für mich allerdings Luther. Was Luther geleistet hat als Bibelübersetzer, das ist einzigartig in der deutschen Sprachgeschichte. Luther sagt über das Übersetzen: "Die Worte selbst fließend - nicht erdichtet noch zusammengesetzt - heraus brechend, daß gleichsam der Geist schäumet und die Worte leben, Hände und Füße haben, ja daß zugleich der ganze Leib und alles lebt und alle Glieder gern reden wollen, das heißt recht aus dem Geist und in der

Wahrheit Gott loben, da sind die Worte eitel Feuer, Licht und Leben."

Es war die Bildkraft der Sprache, die ich seit meiner Jugend an der Bibelübersetzung geschätzt habe. Das hat mich fasziniert, unabhängig von Religiösem.

An der Bibel hat Sie demnach genau das fasziniert, was Sie an der tschechischen Poesie als das Besondere, Sie Prägende gerühmt haben.

Das ist eine weitere Erklärung dafür, weshalb mir die tschechische Poesie auf den ersten Blick so nahe war. Vielleicht, weil ich aus dieser Tradition komme. Und, auch wieder interessant, Luther verdankt Böhmen enorm viel, denn er hat profitiert von dem, was in Böhmen passierte. Unter anderem ist dort die neuhochdeutsche Kanzleisprache entstanden, das benachbarte Sachsen hat sie weitergeführt, und Luther hat sich darauf berufen.

Sie übersetzen überwiegend Lyrik?

Beinahe ausschließlich. Ich selbst bin ja vorwiegend nur ein Lyriker. Nehmen Sie den Prosatext "Fünfzehn" aus den "Wunderbaren Jahren" - ich weiß nicht mehr, wieviel Tage ich gebraucht habe bis ich den ersten Satz hatte. "Sie trägt einen Rock, den kann man nicht beschreiben, denn schon ein einziges Wort wäre zu lang." Das ist natürlich ein paradoxes bildhaftes Denken; in dieser Art kann man keinen Roman von 600 Seiten schreiben.

## Leben und Arbeit nach der Umsiedlung in den Westen

Ihre vorrangig lyrische Herkunft ist Ihnen ja auch anläßlich der "Wunderbaren Jahre" von beinahe allen Rezensenten bestätigt worden. Hans Mayer umschrieb "Die wunderbaren Jahre" als "Texte einer poetischen Prosa". Nach der Veröffentlichung wurden Sie beinahe euphorisch gelobt. Ihr Name war in vieler Munde. "Die wunderbaren Jahre" wurde ein Bestseller. Nach unliebsamen Auseinandersetzungen in der DDR siedelten Sie in die Bundesrepublik über. Dann entstand nach Ihrem Prosabuch ein Film, der Sie schlagartig zu einem enfant terrible machte. In dem Maße, in dem Sie jahrelang gelobt wurden, wobei das literarische Werk nicht immer ausschlaggebend gewesen ist, in

gleichem Maße wurden Sie jetzt verrissen. Und auch bei den Kritiken darf man, ohne übertreiben zu müssen, daran festhalten, daß nicht vorrangig künstlerische Kriterien zur Kritik führten.
Ihnen wird der Vorwurf gemacht, antikommunistisch zu sein; verbunden wird er mit der Behauptung, daß Sie die negativen Seiten dieses Staates nicht sehen wollen. Höhepunkt der Angriffe war dann die Geldannahme für den Film "Die wunderbaren Jahre".
Hat sich Ihre politische Auffassung seit dem Wechsel in die Bundesrepublik so stark verändert, um diese Vorwürfe gerechtfertigt erscheinen zu lassen? Ich erinnere in diesem Zusammenhang an Ihr Gespräch mit Hans-Jürgen Wiesner: "... ich schreibe kein Buch gegen einen Staat, und gleich gar nicht gegen den Staat, in dem ich lebe. Mein Ausgangspunkt ist ein ganz anderer. Ich begebe mich nicht vordergründig auf eine politische Ebene, sondern ... ich schreibe Erlebnisse ab, von mir ab und vielleicht auch von der Seele anderer ab, und daß man dabei natürlich mißverstanden werden kann, damit muß man rechnen."

Am liebsten möchte ich zu dieser Frage schweigen. Wer meine Bücher bis heute gelesen hat und zu einer der Auffassungen gelangt, die Sie jetzt fragend formuliert haben, dem kann ich nicht helfen.

Um Ihnen aber wenigstens die Frage nach dem Geld zu beantworten: Ich habe außer dem Honorar für die Bücher, die ich geschrieben habe, außer den Literaturpreisen und dem Filmpreis für das Drehbuch nie einen Pfennig angenommen; abgesehen davon, daß mir im Westen niemals von irgendeiner politischen Seite Geld angeboten worden ist (in der DDR schon - nur habe ich es zurückgewiesen).

Wenn in einem Bundesland eine Jury, die mit der Regierung nichts zu tun hat, einen Preis vergibt, der laut Satzung vom Ministerpräsidenten überreicht wird, dann ist das eine Auszeichnung von einem unabhängigen künstlerischen Gremium. In der Überreichung des Preises durch den Ministerpräsidenten einen Akt politischer Bestechung sehen zu wollen, ist absurd. Weder der Ministerpräsident kann sich den Preisträger aussuchen, noch dieser sich den Ministerpräsidenten.

Was den Film betrifft, so habe ich viele Fehler gemacht, indem ich mich auf Dinge einließ, auf die ich mich nicht hätte einlassen dürfen. Im übrigen fehlt mir noch immer die nötige Distanz. Vielleicht wird sie mir immer fehlen, weil ich zu wenig vom Film verstehe, also meine Grenzen überschritten habe, und weil das Anliegen dieses Films mir noch immer ein Anliegen ist.

> Sie haben immerhin während der Dreharbeiten den Regisseur verloren und die Regie in eigene Hände genommen.

Erst mitten in den Dreharbeiten habe ich die Unterschrift unter einen Vertrag gesetzt, in dem ich als Regisseur bezeichnet werde und dem Titel "Die wunderbaren Jahre. Ein Film von Reiner Kunze" zustimme. Im Filmvorspann werden Sie vergebens nach dem Regisseur Reiner Kunze suchen. Den gab es nämlich nicht. Ich wäre gar nicht in der Lage gewesen, Regie zu führen. Ich war nach dem Weggehen des von mir gewünschten Regisseurs Rudolf Noelte bei allen Dreharbeiten dabei, aber die einzige Szene, nämlich die erste nach dem Weggang von Noelte, bei der ich wirklich allein den beiden jungen Schauspielern gesagt habe, wie sie den Berg hinaufgehen sollen, diese Szene ist neu gedreht worden. Die Kamera ist niemals gelaufen, ehe nicht der Produzent, Herr Seitz, zur Stelle war.

Wenn überhaupt, dann wären es mindestens drei, die nach dem Weggehen von Noelte Regie geführt haben, nämlich der Produzent, der Kameramann und ich.

Richtig ist, ich bin immer gefragt worden, wollen Sie es so haben. Wenn Sie nichts vom Film verstehen und wünschen, daß dieser Film gut werden möge, und Sie denen vertrauen, deren Beruf es ist, Filme zu machen, dann scheint es Ihnen, daß es so richtig ist. Wenn ich geglaubt habe, so gehe es nicht, dann ist mir wiederholt gesagt worden: Ja, Herr Kunze, wenn Sie das so differenziert haben wollen, dann kommt das nie über die Leinwand. Also habe ich erneut gehofft.

> Nachdem Sie die DDR verlassen hatten, ist einige Jahre kein neues Buch von Ihnen erschienen. 1981 kam dann "auf eigene hoffnung" heraus. Ich habe den Klappentext gelesen und war ein wenig erschüttert über den Satz: "Reiner Kunze mußte sein Land verlassen, um diese Gedichte schreiben zu können." Ich war deshalb erschüttert, weil der Verlag Sie für mein Gefühl viel zu sehr als ehemaligen DDR-Schriftsteller herausstellte.

Ich habe das nicht so empfunden. Vielleicht hätte ich wirklich keines der Gedichte so schreiben können, vielleicht wären mir bestimmte Bilder nie gekommen, wenn ich nicht diese Jahre des Erlebens hier gehabt hätte. Daß zumindest eine Reihe dieser Gedichte nicht in der DDR hätten entstehen können, beweisen die Bücher, die vorher erschienen sind.

Wir, meine Frau und ich, haben in der Bundesrepublik grundlegende Erfahrungen gemacht, die wir in der DDR nicht hätten machen können. Der Wechsel war für uns ein solches Durchatmen, daß plötzlich in Gedichten, die ich ja nicht herbeigedacht habe, die Bilder müssen einem ja einfallen, eine neue Dimension erwachte. Wir haben auch in der DDR Freude erleben können, aber die Bedrückung war so stark, daß diese Momente immer wieder verschüttet worden sind.

Aber Sie sind auch in der Bundesrepublik ein skeptischer Dichter geblieben, skeptisch auch diesem Gesellschaftssystem gegenüber, wenn ich zum Beispiel nur an das Gedicht "Beim Auspacken der mitgebrachten Bücher" denke.

Nicht nur in diesem Gedicht, hoffe ich. Die Erfahrung zu machen, daß bei allen Unmenschlichkeiten, die diesem System anhaften, es das einzig vorerst existierende System ist, das - relativ gesehen - das menschlichste ist, setzt doch sogar voraus, daß man nicht mit Scheuklappen durch die Gegend geht. Sich aussetzen heißt doch, sich allem aussetzen. Das hat nicht einmal etwas mit Skepsis zu tun, denn wer sich aussetzt, wird auf das Dunkel, auf das Bedrückende ebenso stoßen wie auf das Befreiende.

Ich würde auch gar nicht von Skepsis sprechen. Sehen Sie, ich habe in der DDR nicht gegen den Staat geschrieben, und ich werde hier in der Bundesrepublik nicht für den Staat schreiben, sondern ich setze das um, was mich berührt, was mich tief beeindruckt. So ist es meines Erachtens zu erklären, daß manche neuen Gedichte eine Farbe haben, eine Heiterkeit, die auf meiner Palette bisher gefehlt hat.

Am Band "Zimmerlautstärke" hat mich die absolute Einheit aller Gedichte beeindruckt. Von der Überschrift bis zur letzten Verszeile empfand ich die Gedichte wie aus einem Guß gefertigt. Ihr neues Buch, scheint mir, enthält einige Gedichte, bei denen ich einen Bruch zu erkennen meine - auch nach wiederholtem Lesen. Dieser Bruch beginnt zumeist bei den letzten Verszeilen. Ich möchte das erläutern: Die beiden letzten Verszeilen des Gedichtes "Lawrence Forster dirigiert" - "Die schneider der vornehmen Bond Street / müßten ihm die hände küssen" - hätten meines Erachtens nicht nötig getan. Sie relativieren damit die Kernaussage, nämlich das Bemühen, eine Leistung perfekt, vollkommen, so gut wie nur möglich zu vollbringen.

Ich unterscheide aber zwischen Perfektion und Vollkommenheit. In diesem Gedicht geht es um die Perfektion, aber eine Apotheose auf die Perfektion würde ich nie schreiben; denn Perfektion ist zu wenig. Deshalb die Schlußverse. Durch die letzten beiden Zeilen, meine ich im Augenblick noch, wird das Bild um eine Nuance in ein anderes Licht gerückt.

Aus Ihrem bisher vorliegenden Werk lassen sich unschwer zwei Motive herausstellen, die Sie in unterschiedlichster Form häufig variieren. Ich meine Variationen über die Post und Landschaftsgedichte. Dabei ist auffallend, daß Sie mit den Variationen über die Post ein Thema gefunden haben, das originär ist, das Sie für sich entdeckt haben, ohne auf Vorläufer zurückgreifen zu müssen.

Wenn Sie in einem politischen System leben, in dem für Sie der Brief nahezu die einzige Öffnung zur Welt ist, bekommt er eine menschenverbindende Bedeutung, die für Bewohner der Bundesrepublik unvorstellbar ist. Auch der Brief muß dabei Wachtposten passieren. Die Ankunft eines Briefes bedeutet also so etwas wie einen kleinen Triumph. Er hilft, die für Sie nahezu unüberbrückbare Grenze niedriger zu halten. Er bekommt existentielle Dimensionen für das geistige Überleben. Das ist das eine.

Zum anderen - dieses gilt jetzt unabhängig vom politischen System, in dem man lebt - verringert man, indem man ein Gedicht schreibt, die innere Entfernung zu den Mitmenschen bis auf ein Nichts. Im Brief kann jetzt ein anderer Mensch seinerseits die innere Entfernung bis auf ein Nichts verringern. Insofern ist das Motiv der Post für mich von existentieller Bedeutung.

Dieses Thema bleibt demnach auch unter anderen Lebensbedingungen, wie Sie sie jetzt in der Bundesrepublik vorfinden, von existentieller Bedeutung für Sie?

An der Bedeutung dieses Motivs ändert das gar nichts, denn der Brief verbindet ja weiterhin mit Menschen - auch mit Menschen, die in einem anderen politischen System leben. Der Brief ist eine Möglichkeit, Fragen an einen Menschen zu stellen, den man vielleicht nicht kennt, dem man vertraut, von dem man eine Antwort erhofft. Man kann Fragen stellen, die man vielleicht von Angesicht zu Angesicht nicht wagen würde. Abgesehen davon spielt der Brief bei mir im täglichen Leben eine große Rolle.

Ein wenig anders sieht es bei dem zweiten Motiv, Landschaft, aus. Hierbei können Sie auf zahlreiche Vorläufer zurückgreifen. Haben Sie schon einmal das Gefühl gehabt, von anderen Dichtern angeregt worden zu sein?

Ganz bestimmt habe ich kein Motiv übernommen, weil ich es literarisch schon einmal vorgefunden habe. Wenn ich schreibe, kommt es vom Erleben her. Ich glaube schon, daß das Erleben der Landschaft in eine Dimension geht, die tiefer reicht als das Stimmungsgedicht. Das Erleben der Landschaft reicht in die eigenen Wurzeln, reicht dorthin, wo man von Heimat spricht.

Meine Frau und ich sind zu zweit ein Einzelgänger. Wir suchen die Einsamkeit einer bestimmten Landschaft. Wir brauchen ein paar Hügel, Bäume, und wir brauchen das, um zu uns selbst zu finden. Und das ist ja auch die Grundlage eines jeden Gedichts. Ich weiß es nicht, aber ich vermute, daß ich in Norddeutschland, in der Ebene schwermütig und depressiv werden würde. Ich habe ein Gedicht über Lübeck geschrieben, weil mich die Silhouette dieser Stadt stark beeindruckt. Die anderen Landschaften sind mir also nicht gleichgültig, aber für die eigene Arbeit brauche ich als Umgebung, als Lebensbedingung eine ganz bestimmte Landschaft, da reicht nicht die Bewunderung für einen Landstrich.

## Austritt aus dem Verband Deutscher Schriftsteller

Einigen Staub aufgewirbelt hat Ihr Austritt aus dem Verband deutscher Schriftsteller (VS) im August 1982.

Ich wollte den VS möglichst unbemerkt verlassen. Unbemerkt deshalb, weil ich arbeiten möchte, und weil Lärm mir an sich zuwider ist. Außerdem meinte ich - und wie ich jetzt sehe, zurecht -, daß der Austritt in bezug auf die Gründe, die zu ihm geführt hatten, sowieso nichts ändern würde.

Deshalb bat ich in meinem Brief an den Vorstand des Verbandes höflich, meine Mitgliedschaft zu streichen, und ließ es dabei bewenden. Ich begründete meinen Wunsch bewußt nicht, um nicht in sinnlose Debatten verwickelt zu werden. Erst nach einem Gespräch mit meiner Verlegerin, die ich unterrichtete, entschied ich mich nachträglich, einige Gründe niederzuschreiben. Ich konnte mich dem Argument nicht verschließen, daß der Austritt möglicherweise doch nicht nur intern zur Kenntnis genommen werden würde und dann in der Öffentlichkeit fehlinterpretiert werden könnte.

Außer meiner Frau und meiner Verlegerin wußte von diesem Austritt niemand etwas. Er ist mit niemandem verabredet oder - wie mir unterstellt wurde - aus Gründen der Publik Relation getimed worden. Das können nur Personen unterstellen, die in diesen Kategorien denken, mir sind solche Kategorien fremd.

> Nach Ihrem Austritt haben sich einige Kollegen mit Ihnen solidarisiert. Es waren vorwiegend Schriftsteller, die ebenfalls die DDR verlassen hatten oder verlassen mußten. Ich muß daher annehmen, daß seit langem Unruhe unter den Mitgliedern des VS herrschte, so daß es nur noch eines kleinen Anlasses bedurfte, um diesen Schritt zu unternehmen. Welche Gründe waren für Sie ausschlaggebend?

Für den Austritt gab es zwei Motive: Ekel und Scham. Ein Beispiel für das Motiv Ekel: Stellen Sie sich vor, ich wäre in ein südamerikanisches Land gefahren, das politisch eine Diktatur ist, hätte mich dort mit offiziellen Vertretern des Regimes getroffen und würde dann wie folgt berichten: Die südamerikanischen Kollegen und Kolleginnen zeigten sich nicht nur als großzügige Gastgeber - Unterbringung im Hotel Intercontinental, das Besuchsprogramm schloß Fahrten in die Industrieunternehmen, zu einem Dom, zum Journalistenzentrum, einem Landschloß in idyllischer Umgebung, das vor allem der Erholung dient, ein -, sondern standen auch für intensive Gespräche zur Verfügung.

Kein Wort über die tatsächliche politische Situation im Land, über die in Gefängnissen sitzenden namentlich bekannten Kollegen, über die Methoden der dortigen

Geheimpolizei, über die Verlogenheit der Presse usw. Man würde mich mit Recht publizistisch zerreißen.

Nun, ich habe mit Ausnahme der Eigennamen wörtlich die Zeitschrift des VS und der Deutschen Journalisten Union, "die feder", zitiert, und es handelt sich um den Bericht einer offiziellen Delegation in der CSSR im Februar 1982. Das ist ein Beispiel von vielen, und wenn Ihnen das monatlich ins Haus geliefert wird, kommt eines Tages der Augenblick des Ekels. Da empfinden Sie diese Art der Berichterstattung als so widerwärtig, daß Sie von Ihrem Hausrecht Gebrauch machen. Sie wollen nichts mehr damit zu tun haben. Und daß Ihnen da nichts anderes bleibt als die Tür hinter sich zu schließen, können Sie daran erkennen, daß man sich mit dieser Art der Berichterstattung noch heute identifiziert, daß man sich nicht distanziert, sondern daß man sie verteidigt.

Ein Beispiel für das Motiv Scham: Der Vorsitzende des VS sagt in Ostberlin, ich zitiere wörtlich und vollständig: "Wir sollten uns endgültig trennen von allem, was auf den Wunsch nach Wiederherstellung eines deutschen Nationalstaates hinauslaufen könnte." Ich weiß aber, und das gehört zu dem wenigen, das ich auch heute noch sicher weiß, daß viele Menschen in der DDR diesen Wunsch hegen, weil sie in seiner Erfüllung die einzige Chance sehen, für sich oder ihre Kinder oder Kindeskinder die menschlichen Grundfreiheiten zurückzuerlangen: zum Beispiel die Grundfreiheit, nicht Tag für Tag und ihr Leben lang lügen zu müssen, um überleben zu können. Dabei wissen sie ebenso wie ich, daß eine solche Wiedervereinigung weder heute noch morgen möglich ist, und daß nur eine gewaltlose Wiedervereinigung wünschenswert sein kann.

Ich habe mich furchtbar geschämt, daß ein Autor aus der Bundesrepublik Deutschland, der kraft seines Amtes im Namen vieler deutscher Schriftsteller spricht, also auch in meinem Namen, diesen Wunsch denunziert. Daß sich ein Schriftsteller anmaßt, der Mehrheit der Menschen in der DDR vorzuschreiben, was sie zu wünschen hat und was nicht.

Man erhebe das ins Allgemeine. Der Schriftsteller schreibt dem Volk vor, was es wünschen darf. Da steht die Welt auf dem Kopf. Und fertiggebracht hat dieses Kunststück ein Deutscher. Damit wollte und will ich nichts mehr zu tun haben. Da gibt es auch keine Diskussion, das ist geistig und moralisch untermaßig.

Andere Kommentatoren sagen das so, ich zitiere Horst Thieme vom Deutschlandfunk: "Weil das Hitler-Deutschland die Welt mit Krieg überzogen hat, ist es nach Engelmanns Worten nicht wünschenswert, daß die Deutschen je wieder in einem geeinten Nationalstaat leben. Damit unterstellt der Vorsitzende des Verbandes deutscher Schriftsteller in der Bundesrepublik Deutschland, daß wir alle nichts aus unserer Geschichte gelernt haben, daß wir, seine Landsleute, weder friedenswillig noch friedensfähig sind - wobei sein Urteil sich ja zwangsläufig auf die Deutschen in West und Ost erstreckt ... Doch ist sich der Vorstand des VS darüber im klaren, daß sein Vorsitzender ein ganzes Volk diskriminiert - nämlich das deutsche -, wenn er ihm die Fähigkeit, in einem geeinten demokratischen Nationalstaat friedfertig zu leben, rundweg abspricht?"

Der Schweizer Adolf Muschg gab am 3. Februar 1982, also lange vor dieser Diskussion, ein Interview, in dem er sagte: "Jedem, der von außen kommt, fällt die Gemeinsamkeit der Deutschen in Jena und Rostock wie in Köln und Bremen in die Augen. Sie scheint mir ein Vermächtnis und eine Verpflichtung, die man immer noch einlösen kann. Und wenn ich Deutscher wäre, würde ich mindestens von dieser Zuversicht umgetrieben bleiben ... Aufgrund meiner Erfahrungen mit Deutschen fürchte ich mich deshalb überhaupt nicht vor einem deutschen Nationalismus, das heißt einer neuen Entgleisung des Nationalgefühls. Ich würde mich erst dann fürchten, wenn jede Erinnerung an die Zusammengehörigkeit der Deutschen a limine diskreditiert und damit erst zu einem bedrohlichen, weil verbotenen Reiz würde."

Die Unterstellung von Herrn Engelmann in der "Zeit" vom 10.9.1982, von dieser Zuversicht umgetrieben zu werden bedeute, von einem Deutschland in den Grenzen "von 1938, 1914 oder 1942 zu träumen", ist bösartig, da wider besseres Wissen. Die Rede war von dem Wunsch nach Wiedervereinigung der beiden heute existierenden Staaten.

Allerdings haben Sie recht - der Austritt hat Staub aufgewirbelt. Er hatte eine öffentliche Resonanz, die ich nicht erwartet hatte, die ich auch nicht für möglich gehalten hätte. In dieser Hinsicht habe ich mich geirrt. Um so mehr bin ich leider in dem bestätigt worden, daß sich nichts Wesentliches ändern wird, denn inzwischen sind Mehrheitsverhältnisse und Denkweisen zutage getreten, die Neubesinnung vorerst ausschließen.

Nach Ihrem Austritt ist von verschiedenen Seiten gesagt worden, Ihr Austritt sei wegen der Friedensgespräche erfolgt, sie rebellierten auf Ihre Weise gegen die Auswahl der an diesen Gesprächen teilnehmenden Schriftstellerkollegen.

Nein, mit den Friedensgesprächen hat mein Austritt nichts zu tun. Das erste Dokument ist ja meine eigene Erklärung, in ihr steht folgender Satz: "Das heißt nicht, ich sei der Meinung, man solle mit Funktionären wie Herrn Kant nicht verhandeln." Es darf überhaupt keine Ebene geben, die man nicht nutzt, wenn auch nur die geringste Chance besteht, etwas zu tun, das allein den Friedensgedanken fördert.

(Dieses Gespräch wurde am 11. Januar 1983 geführt.)

Jan Skácel

# III

## HANS-PETER KLAUSENITZER
### Greiz - grüne Zuflucht

Jede Stadt hat Geschichten, die gerüchteweise umgehen, aber nur wenige Orte gehen in die Literaturgeschichte ein. Das Vogtland, ein Keil im Süden der DDR, flankiert vom Erzgebirge und dem Thüringer Wald, mit sechsundzwanzig Kilometern an Bayern angrenzend, schien lange Zeit nicht literaturwürdig zu sein. Auch die Park- und Schloßstadt Greiz, im langgestreckten Talbecken der Weißen Elster gelegen, blieb in der Dichtung unerwähnt, bis sich 1962 hier ein Lyriker niederließ, der die Widersetzlichkeit der Vogtländer in wortkargen Versen umschrieb: Reiner Kunze.

Seine Gedichte über die Arbeiterwohnstadt, Zentrum des Industriekreises im nördlichen Vogtland, lenkten die Aufmerksamkeit der Leser auf eine Arme-Leute-Gegend, der die Schriftsteller Hans Joachim Schädlich und Jürgen Fuchs entstammen, beide in Reichenbach geboren, der Gablenzer Gerhard Zwerenz, Gerald K. Zschorsch aus Elsterberg und der Lyriker und Essayist Bernd Jentzsch aus Plauen. Keiner dieser "treuen, braven Söhne / die dann aus der Provinz / in die großen Städte zogen / und plötzlich anfingen / ihr Maul aufzumachen" blieb in der DDR. Und vorerst kehren sie wohl nur auf einer Traumreise, bitterer Erfahrungen eingedenk, zurück. An der Saale entlanggehend, zwanzig Kilometer Luftlinie überwindend, schrieb Zschorsch in einem anderen Gedicht: "Mir träumte ich ginge durch Deutschland / über Hof / durch Plauen / nach Greiz. / Hinter einer Tasse Jasmintee / lugten zwei Augen - Er war wieder da."

Gewiß wünschen das auch einige Nachbarn in der Franz-Feustel-Straße, die am 22. August 1968 Gladiolen vor Kunzes Wohnungstür legten - es war ja bekannt, daß Elisabeth Kunze, eine Ärztin, aus der Tschechoslowakei stammt, daß Reiner Kunze, "der slawischste Deutsche", den Milan Kundera kennt, in der Tschechoslowakei für ein knappes Jahrzehnt geistiges Asyl fand und bedeutende Nachdichtungen aus dem Tschechischen schrieb. Auf seine Rückkehr hoffen vielleicht auch die zahlreichen Besucher, die seine Anteilnahme suchten und in der Zweieinhalb-Zimmer-Wohnung übernachteten; denn hier lebte ein Dichter - Sohn eines erzgebirgischen Bergarbeiters, aufgewachsen neben Mutters Kettelmaschine - der in "Greiz grüne zuflucht" gesucht hatte

Ausgesperrt aus büchern
ausgesperrt aus zeitungen
ausgesperrt aus sälen

eingesperrt in dieses land

in Gesprächen und Gedichten aber Zuflucht bot, Apollinaires Worten getreu, Dichter seien nicht nur Männer des Schönen, sondern vor allem die Männer des Wahren.

Als 1969 in der Bundesrepublik Kunzes "Sensible Wege" erschien, waren die Leser betroffen von der konzentrierten Schönheit dieser achtundvierzig Gedichte und des Zyklus' "die post"; die Wahrhaftigkeit der Empfindungen und Gedanken hatte sich gleichsam in kristallinen Formen verdichtet und gehärtet. Man muß in der deutschen Dichtung lange suchen, bis man zu den Versen "Eine kleine deutsche stadt" Vergleichbares findet; durch die Verknüpfung von Natur und städtischer Siedlung, der Geschichte und Gegenwart in einer Metapher, "in der ein Kinderherz schlägt", wie Kunze es formulierte, "wird viel menschliche Wärme freigesetzt".

Wer alte Fotos vom Fürstlichen Park und Unteren Schloß mit dem heutigen Greiz vergleicht oder den fotografischen Blick vom Hainberg auf die alte Residenz

Reiner Kunze mit seinen Eltern

mit dem Eindruck des gegenwärtigen Panoramas korrigiert, erfaßt den Verfall zur miserabel gewordenen Tatsächlichkeit. Die Straßen der Textilarbeiterstadt sind eng, aber nicht malerisch, die Häuser alt, nicht ehrwürdig. Industriestaub und die Abgase des Chemiewerks Greiz-Dölau legen sich auf Straßen und Dächer. Die Stadt mit Weberschiff und Hammer im Wappen ist keine Idylle, die kleinstaatliche Atmosphäre des Fürstentums Reuß, dessen Hauptstadt Greiz bis 1918 war, ist längst dahin.

Und doch ist die "grüne zuflucht" mit den Resten des englisch-französischen Parks von 1800, des Sommerpalais' von 1779, des Oberen und Unteren Schlosses mehr als verwitternde Erinnerung, mehr als Behausung und Produktionsstätte. Mit dem Blick auf vereiste, verschneite Dachziegel der unteren Stadt durchschaut Kunze das urbane Wesen am Zusammenfluß der Göltzsch mit der Weißen Elster, die schwarz ist von Abwässern.

Fischritt am Neujahrsmorgen

Stadt, schlüpfrige, halt
still

Ah, jetzt erkenn ich's, du
bist ein fisch

He, ich balanciere auf dem rücken eines
fisches

Dächer, sagt ihr, nüchtern gebliebene, das
sind silberne schuppen

Jaja, ein märchenfisch, das schloß
trägt er wie eine krone

Ein verzauberter prinz, ein
Reuß, ein
debiler

Schon gut, wir werden schlafen
und zu mittag

wird er wieder eine
stadt sein.

In seiner Büchner-Preis-Rede (1977) entschlüsselte Reiner

Kunze die Metapher vom Märchenfisch als Nachricht eines Untergetauchten. Die Kleinstadt, in der sich so wenig verändert, das einsam gelegene Bauernhaus bei Leiningen, in das sich Kunze zum Schreiben zurückzog - die "Zuflucht noch hinter der zuflucht", wo "ungebeten nur der wind durchs tor" tritt - werden zum Sinnbild des Dauerhaften, Verläßlichen.

"Die Stadt unter Ihnen ist plötzlich ein Fisch. Jeder Dachschiefer, rauhreifbedeckt, ist eine Schuppe. Der Schloßberg ist der Kopf, die Tunneleinfahrt das linke Auge. Sie haben sich nicht vorgenommen, die Stadt als Fisch zu sehen. Ihr Unterbewußtsein hat die Realität Stadt und die Realität Fisch miteinander verknüpft und die Verknüpfung dem Bewußtsein signalisiert. Noch nie haben Sie die Stadt als Fisch gesehen. Und wie oft sind Sie diesen Weg zu Ihrer Wohnung schon gegangen. - Dieses diffuse Licht - wie durch eine Eisdecke ... Lautlos, die Stadt. Der Fisch. Ein Fisch im Winter: Bewegungslos. Scheinbar - Ihr Unterbewußtsein ist besser als Sie denken. Als Sie denken. Über Ähnlichkeiten der äußeren Erscheinung führt es Sie hin zu Wesenszusammenhängen zwischen dieser Stadt in der Tiefe und dem Fisch in der Tiefe. Zumindest beginnen Sie sie zu ahnen. Sie stehen - ob Sie wollen oder nicht - am Beginn eines Prozesses, an dessen Ende Ihr Gedicht steht.

DEZEMBER

Stadt, fisch, reglos
stehst du in der tiefe

Zugefroren
der himmel über uns

\---

Überwintern, das
maul am grund

"maul am grund". Das Maul halten, sagen die Leute. Und: Grund ist nicht nur der Erd-Grund. Grund bedeutet auch: Antwort auf das Warum, Ursache."

Der sensible, beschwerliche Weg bis zur Greizer Bild-Inspiration von 1966 begann in Leipzig. Nach seinem Examen in Literatur-, Musik- und Kunstgeschichte lehrte Reiner Kunze vier Jahre; "in diesen fünfziger Jahren begann für mich die große politische Desillusionierung, das furchtbare Erkennen, hintergangen und betrogen worden zu sein, der Zusammenbruch des inneren Wertsystems, dem als Ergebnis einer jahrelangen politischen Treibjagd ein physischer Zusammenbruch folgte. Ich bin kurz vor der Promotion von der Universität abgegangen, das war 1959 - und habe als Hilfsschlosser im Schwermaschinenbau gearbeitet." Damit war der Prozeß des Umdenkens keineswegs abgeschlossen, im Gegenteil - 1974 bekannte Kunze in einem Interview des Süddeutschen Rundfunks - "er begann erst. Das Jahr 1959 war in meinem Leben die Stunde Null." Verleumdungen und Schikanen folgten. Kunze durfte in der DDR nicht mehr veröffentlichen. Im August 1968 trat er aus Protest gegen die Okkupation der CSSR durch Truppen des Warschauer Paktes aus der SED aus. 1972 erschien in der Bundesrepublik der Gedichtband "Zimmerlautstärke", 1976 der Prosaband "Die wunderbaren Jahre", danach wurde er aus dem Schriftstellerverband der DDR ausgeschlossen. Der zurückhaltende, aufrechte Dichter (Politisches in seiner Lyrik nur als Poetisches duldend) wurde zum politischen Skandalon. Die Frontlinie deutscher Auseinandersetzung führte durch einen abgelegenen Ort, mitten durch Greiz, Häuser-Zeilen entlang, hin zum Fluchtpunkt weltoffener Isolierung: dem Gedicht:

ERINNERUNG AN GREIZ

Häuserhänge wie
von naiven gemalt, längs
der dächer führn straßen schornsteine stehn
wie kilometersteine

Am schloßturm
fahnen, ausgehängt nach
ost und west, zwei
taube ohren

Der kirchturm eine schusterale
für die schuhe gottes

Wälder wälder, auszuschweigen
das wort

Unter dem Blick des Dichters verändert sich die Kleinstadt zum Medium der Erkenntnis. Denn Reiner Kunzes Selbstfindung auf dem Grund des Daseins, auf dem Boden provinzieller Selbstverständlichkeit ermöglicht einen Ver-

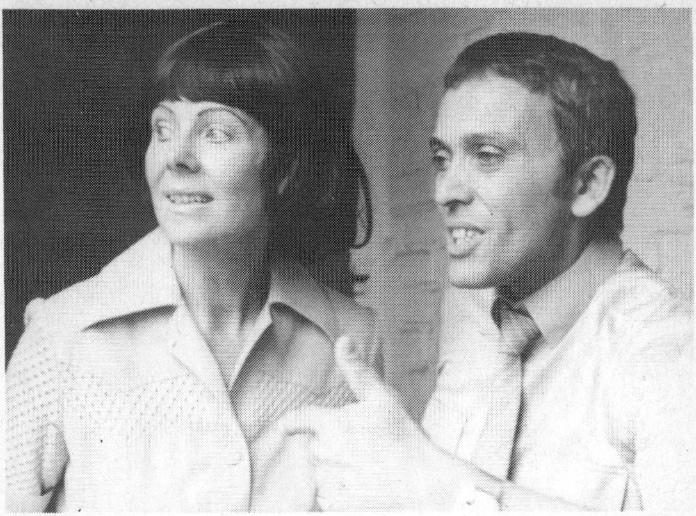

Reiner Kunze mit seiner Frau

Leiningen bei Greiz

gleich des Betrachters mit dieser Stadt. Als er 1977 die DDR verlassen mußte, weil es dort keine Zuflucht mehr gab, gehörte Greiz - literaturgeographisch - zu den Hauptstädten europäischer Poesie.

## Anmerkungen:

Benutzte Literatur: Reiner Kunze "Sensible Wege. Achtundvierzig Gedichte und ein Zyklus". Rowohlt Verlag, Reinbek 1969.
Reiner Kunze "Zimmerlautstärke. Gedichte". S. Fischer Verlag, Frankfurt 1972.
Reiner Kunze "Die wunderbaren Jahren. Prosa." S. Fischer Verlag, Frankfurt a.M. 1976.
"Darf ein Schriftsteller überhaupt vernünftig werden wollen? Reden von Heinrich Böll und Reiner Kunze." Sonderdruck S. Fischer Verlag, Frankfurt a.M. 1977.
"Materialien und Dokumente." Herausgegeben von Jürgen P. Wallmann. S. Fischer Verlag, Frankfurt a.M. 1977.
Reiner Kunze "auf eigene hoffnung. gedichte." S. Fischer Verlag, Frankfurt a.M. 1981.

## WALTER HEISE
# Nachschriften
## Zu einem Gedicht Reiner Kunzes

I. "... Indem Gedichte aber Versuche sind, Wirklichkeit zu bewältigen und Haltungen zu gewinnen, besteht die Möglichkeit, daß sie auch jenem, die sie nachvollziehen, helfen, zu sich selbst zu finden und sich im Leben zu orientieren."
(Reiner Kunze in einem Gespräch mit Bernd Kolf. - Aus: "Neue Literatur", Nr. 4, Bukarest, April 1975; zit. bei Jürgen P. Wallmann (Hrsg.): Reiner Kunze - Materialien und Dokumente, Frankfurt a.M. 1977, S. 162)

Die folgenden Überlegungen gehen von Reiner Kunzes Gedicht "DIE BRINGER BEETHOVENS" (1962) aus. Sie bescheiden sich in der Absicht, Anregungen und Gedankengänge wiederzugeben, die nach der Lektüre spontan ausgelöst oder reflektierend erinnert wurden.

Solcherart NACHSCHRIFTEN folgen nicht vor allem dem Gedicht, sondern eigenen gedanklichen Spuren: second-hand-Interpretation aus der Begrenztheit fachlichen Denkens, - das Gedicht nur selten im Kern berührend; - außerhalb des Anspruchs zudem, den der Dichter vorsichtig als MÖGLICHKEIT sieht: "zu sich selbst zu finden und sich im Leben zu orientieren."

Dem Musikpädagogen drängt sich sogleich Fach-Programmatisches auf, das längst als unprogrammierbar sich erwies: "Musik als Lebenshilfe", - so das vielleicht zu große Thema einer Bundesschulmusikwoche (1957), - und so ein verbreitetes Versatzstück fachlicher Legitimationsversuche.

Wo aber das Unabwägbare von Möglichkeit pädagogischen Operationalisierungsstrategien verfällt, beginnt das Kalkül der Manipulation.

II. "... Der geangelte Fisch stirbt (in der Regel).
Der Vers beginnt zu leben (in der Ausnahme) ..."
R.K.
(Dichter und Angler - Elf Thesen - These 8; aus: Die Tat, Zürich, 6.4.1974; zit. bei J.P. Wallmann, a.a.O. S. 142)

Ob der Dichter seinen Leser erreicht, bleibt wenig

kalkulierbar. Die "gleiche Wellenlänge", die die Resonanz zwischen Sender und Empfänger (Autor und Leser) herstellt, bestimmt bestensfalls den Rahmen, innerhalb dessen die AUSNAHME zur Wirklichkeit werden kann. Die Ausnahme, in der der Vers nicht nur für den Dichter, sondern auch für den Leser Leben gewinnt, rechnet überdies mit dem je Einzelnen. Das technisch inspirierte Bild von der "gleichen Wellenlänge" täuscht indes intersubjektiv wirksame und überprüfbare Vermittlungsfunktionen vor, denen Kunst sich zumeist entzieht.

Das nicht hinreichend aufdeckbare Bedingungsgefüge der Kunstrezeption verhindert, daß die Ausnahme zur Regel, - daß die Möglichkeit des Einzelnen vergesellschaftet wird. Auf sehr direkten, aber auch äußerst verschlungenen Wegen kann das Gedicht seinen Leser in den Bann schlagen: Vom noch verschwommenen Gesamteindruck zum Detail, - von Reizwort, Satz oder Vers zum Ganzen, - vom hinzukomponierten Tonsatz oder Bild in das Zentrum des Textes, - und all das in Zeitverläufen, die sich zwischen Sekunden und Jahrzehnten bewegen können.

Der Lehrer als Wegbereiter von Verstehensakten hat es mit Gruppen zu tun. Damit läßt sich seinen Erfolgsaussichten eher mit Zufalls- als mit Hochrechnungen beikommen. - So sehr das Problem der "Gleichung mit zwei Unbekannten" dank effektiver didaktischer Forschungen eines Tages voll erschlossen sein wird, so wenig wird man daraus für Didaktiken, deren Sachverhalte sinnvoll als "Ungleichungen mit wenigen Bekannten" zu beschreiben wären, folgern dürfen. Es bleibt bei der risikoreichen Gratwanderung, die Theodor Warner 1960 so beschrieb:

> "Didaktik ist Schnittpunkt von Verzweiflung und Hoffnung, nie nur eins von beiden und als solche gefährdet, wobei handelnde Verzweiflung zur zynischen Routine, handelnde Hoffnung allein zur fixen Idee tendiert."
>
> (SchR. "Musikalische Zeitfragen", Bd. 11, in: Kurt Sydow (Hrsg.): Musik in Volksschule und Lehrerbildung. Kassel 1961, S. 59)

III.

Reiner Kunzes Gedichtsammlung SENSIBLE WEGE erscheint 1969 bei Rowohlt. Unter den fünf Gedichten, die unter dem Motto "und es war schön finster" zusammengefaßt sind, findet sich auch das Ludvík Kundera gewidmete Gedicht "Die Bringer Beethovens".

1976: DIE WUNDERBAREN JAHRE - Prosa;

SENSIBLE WEGE - Taschenbuchausgabe, deren 1. - 10. Tausend nach wenigen Monaten vergriffen ist;

reiner kunze die bringer Beethovens - holzschnitte von hap grieshaber; 750 numerierte Exemplare.

HAP Grieshaber, der engagierte Holzschneider, fand längst die Bewunderung des Verfassers, als seine Arbeit zum Thema "Beethoven" erschien. Die Durchsicht des bibliophilen Bandes nahm allerdings einen unerwarteten Verlauf: Das vertiefende, entschlüsselnde Wort, - in derartigen Bänden gewöhnlich neben Bild- und Druckgestaltung gleichgewichtig in Erscheinung tretend -, absorbierte alle Aufmerksamkeit so, daß schon die typographische Anordnung auf 18 Textseiten störte.

IV. Sie zogen aus, Beethoven zu bringen
jedermann (Anfang des Gedichtes)

"Beethoven - ein Phänomen - immer noch."
(Anfang einer Schüleräußerung zum Gedicht.)

Schon die ersten Worte des Gedichtes klären, was im Titel unklar blieb: Die "Bringer" stellen sich in den Dienst der zur Idee geronnenen Musik Beethovens. Hier zieht nicht e i n e r aus, - um etwa seine individuellen Einsichten über Beethoven weiterzugeben; - die Gruppe, - die von einer Idee Durchdrungenen, - die Erleuchteten, - kurz: "s i e" ziehen als selbsternannte Botschafter einer Heilslehre aus, um "jedermann" dieses Glücks teilhaftig werden zu lassen. Es scheint Gewißheit darüber zu bestehen, daß das Angebot angenommen wird, sobald es nur empfangen werden kann.

Der Gedichtanfang deutet nach Wortwahl und -anordnung auf eine unbestimmte Vergangenheit. Die Sprache rückt in die Nähe biblischer Texte. Im inhaltlichen Vordergrund erscheint weniger das unsichere, auf die Zukunft gerichtete Vorhaben, sondern vielmehr die Vermittlung einer "heilsgeschichtlichen Tatsache", die der selbstbestätigenden, stärkenden Solidarität "in Beethoven" dient.

Man mag hier einwenden, eine derartig isolierte Betrachtung der Anfangszeilen sei illegitim, da sie weder dem Ganzen des Gedichtes, noch - möglicherweise - den Intentionen des Dichters gerecht werden könne. Indessen eröffnen sich Ausblicke auf die Hintergründe derartiger Sprachgestalten: Das gesamte Umfeld der hier verwendeten Interpretationsmuster, das sich unübersehbar an ein (säkularisiertes) chronologisches Begriffsrepertoire anlehnt, bildet eine wesentliche Konstante in der Geschichte der Beethoven-Rezeption, soweit sie sich im Schrifttum verfolgen läßt. Hans Heinrich Eggebrecht nennt in seiner Arbeit "Zur Geschichte der Beethoven-Rezeption. Beethoven 1970" (Abhandlungen der geistes- und sozialwissenschaftlichen Klasse der Akademie der Wissenschaften und Literatur, Jg. 1972, Nr. 3) u.a. folgende Stichworte zu diesem Komplex: "ZAUBERER, PRIESTER, HEILIGER, STELLVERTRETER (IM LEIDEN UND ÜBERWINDEN) FÜR DIE MENSCHHEIT, PREDIGT, EVANGELIUM, VERKÜNDUNG, ERLÖSER, CHRISTUS, GOTT" usw. (vgl. S. 25, 39, 41).

Der kontrastierend vorangestellte Schülerkommentar ist eine atemlose Reaktion von plakathafter Wirkung. Das längst für selbstverständlich Gehaltene wird neu in das Bewußtsein gehoben. BEETHOVEN, - das (nicht nur musikalische) Wunder, - das nie ganz erfaßbare PHÄNOMEN, - zuweilen von leibhaftigeren Phänomenen der Interpretationskunst ersetzt oder wenigstens verdrängt. Das IMMER NOCH klingt bestätigend, - zugleich aber auch verwundert darüber, daß diesem längst etablierten "Phänomen" selbst im Zeitalter der Raumfahrt ein unaufgelöster Rest anhaftet. Deshalb wird man sich BEETHOVEN - eines Tages - doch noch zu stellen haben.

V.

Und da sie auch eine schallplatte hatten
spielten sie zur rascheren einsicht
die sinfonie nr. 5 c-moll opus 67

Der mensch M. aber sagte,
es sei ihm zu laut, das
mache sein alter

(Forts. d. Gedichts)

... An den Beethoven wollte er gar nicht heran ... Ich sagte ihm aber, ich könnte ihm nicht helfen, und spielte ihm nun das erste Stück der c-moll-Symphonie vor. Das bewegte ihn ganz seltsam. Er sagte erst: "Das bewegt aber gar nichts; das macht nur Staunen; das ist grandios", und dann brummte er so weiter und fing nach langer Zeit wieder an: "Das ist sehr groß, ganz toll, man möchte sich fürchten, das Haus fiele ein; und wenn das nun alle die Menschen zusammenspielen!"

(Aus einem Brief Mendelssohns vom 25. Mai 1830; zit. bei: H. Chr. Worbs, Felix Mendelssohn Bartholdy in Selbstzeugnisen und Bilddokumenten, Reinbek 1974, S. 34)

Die "Bringer" beginnen ihr Vorhaben unverzüglich und didaktisch geschickt: Sie haben eine Schallplatte, mit deren Hilfe sie ohne weitere Erklärungen direkt zur Sache kommen können. Mit der 5. Sinfonie Beethovens liegt ein Werk vor, das - nach aller Erfahrung - robust genug ist, die Deformationen technischer Reproduktionsverfahren zu überstehen.

Verdankten doch schon die Pioniere der Schallplatte ihren sensationellen Erfolg gerade diesem Werk, als sie die (vermutlich) erste Einspielung einer Sinfonie wagten. Die Aufnahme wurde 1913 auf 8 (!) Plattenseiten veröffentlicht. Es spielten die Berliner Philharmoniker unter Arthur Nikisch.

Die das Gedicht mehrfach gliedernde Zeile "die sinfonie nr. 5 c-moll opus 67" hat etwas von der Wirkung eines Etiketts: "die sinfonie nr. 5 c-moll opus 67" wird "zur rascheren einsicht" abgespielt, sie tönt "zur bessren gewöhnung", sie dient "zur belebung des themas", da sie "zufällig" zur Hand ist. Wie sich zeigen wird, sind die Funktionsmöglichkeiten dieser Musik unbegrenzt.

Mit dem "menschen M." begegnet den "Bringern" ein Individuum, das sich der Botschaft verschließt. Es ist nichts Grundsätzliches einzuwenden, - diesem Menschen ist die Musik einfach zu laut. Aber auch dafür nennt er vorsorglich einen einsichtigen Grund: "das mache sein alter". - Im Fortgang der Handlung erweist sich, daß dieses Argument nicht verfängt, - man hält es für einen Vorwand.

Zum Widerpart der anonymen Gruppe wird der namentlich ausgewiesene "mensch M." ("M." = "Mensch"?) - Die Großschreibung teilt er mit Beethoven, - nicht mit den "bringern", nicht mit "anwalt" und "richter". Seine Personalität ist derjenigen Beethovens insofern vergleichbar, als hier vom unverwechselbar Einzelnem die Rede ist.

Mendelssohn berichtet in seinem Brief über die Schwierigkeiten, die der 80jährige Goethe mit Beethovens 5. Sinfonie hat. Eine Auseinandersetzung "auf Expertenebene", - zweiundzwanzig Jahre nach der Uraufführung. Goethes Zögern, seine Ratlosigkeit, aber auch seine offensichtliche Betroffenheit konkretisieren sich in Lautstärkevorstellungen. Mögen die Textparallelen für eine Interpretation auch ohne jegliche Bedeutung sein, - sie bleiben dennoch bemerkenswert genug, hier angemerkt zu werden.

## VI. ETHIK

Im mittelpunkt steht
der mensch

Nicht
der einzelne

Reiner Kunze hat den "Sensiblen Wegen" einen "Kurzen Lehrgang" über Dialektik, Ästhetik und Ethik eingefügt. Die hier zitierten bitter-ironischen Zeilen umschreiben Kunzes unnachgiebiges Eintreten für das Recht des Einzelnen mit Präzision. Seine Kompromißlosigkeit zieht Relativierungsversuche durch Funktionäre und gläubige Parteigänger unmittelbar nach sich. So heißt es in einem Beitrag von Max Walter Schulz u.a. über den Band "Sensible Wege":

> "... Es ist alles in allem ... der nackte, vergnatzte, bei aller Sensibilität aktionslüsterne Individualismus, der aus dieser Innenwelt herausschaut und schon mit dem Antikommunismus, mit der böswilligen Verzerrung des DDR-Bildes kollaboriert..." (Protokoll vom VI. Deutschen Schriftstellerkongreß, Berlin 1969; zit. bei: Wallmann, a.a.O. S. 33)

Kein Zweifel: Wer sich das Recht nimmt, an das gestörte Verhältnis von Individuum und Gesellschaft zu erinnern, wird der Kollaboration verdächtigt. - Aber was funktionierende Parteigänger gern vergessen, trifft für den Dichter in ganz besonderer Weise zu:

> "... Ist es nicht die erste Pflicht des Wahrheitsforschers, direkt auf die Wahrheit loszugehen, ohne rechts und links zu sehen? Vergesse ich nicht, die Sache zu sagen, wenn ich noch weniger vergessen darf, sie in der vorgesehenen Form zu sagen? ... Jeder Tautropfen, in dem die Sonne scheint, glitzert in unerschöpflichem Farbenspiel, aber die geistige Sonne, in wie vielen Individuen, an welchen Gegenständen sie sich auch breche, soll nur eine, nur die offizielle Farbe erzeugen dürfen! ... Das Wesen des Geistes ist die Wahrheit immer selbst, und was macht ihr zu seinem Wesen?"

(Aus: K. Marx: Über die neueste preußische Zensurinstruktion. MEGA 1. Abt., Bd. 1, Hbd. 1, S. 153f. - Zit. bei: A. Schaff: Marxismus und das menschliche Individuum. Reinbek 1970)

Dem System des "realen Sozialismus" scheint die Vermittlung von "objektiven gesellschaftlichen Erfordernissen" und der "Wahrheit des Einzelnen" besonders schwer zu fallen: Wahrheiten werden unversehens dekretierbar, wenn die funktionalisierte Idee von der besseren Gesellschaft für diese selbst gehalten wird. Das Recht des Einzelnen auf "seine" Wahrheit wird unter der Autorität und im Namen der reinen (wissenschaftlichen) Lehre zum lügnerischen Verrat. Das hier "Nur-Funktionäre" hart durchgreifen müssen, liegt in der Natur der Sache; bei den "Gläubigen" darf der Kurs hingegen "weicher" sein.

So hat Wolf Biermann anläßlich seines Kölner Auftritts 1976 über Reiner Kunze, - den er seinen Freund, nicht aber seinen Genossen nennt -, ausgeführt, "Reiner Kunze habe keine faschistische Literatur geschrieben, habe nicht zum Krieg gehetzt, habe nicht gelogen. 'Aber wir sind der Meinung, daß man auch mit traurigen Wahrheiten über die DDR lügen kann über die einzige Hoffnung: den Sozialismus.'" (Bericht Heinrich Vormwegs, in: Süddeutsche Zeitung, München, 15. 11. 1976; zit. bei: Wallmann, a.a.O. S. 203) Die Gleichzeitigkeit von persönlicher Solidarität und ideologisch begründeter Kritik weist auf den unentschiedenen Widerspruch "humanistischen" und "parteilichen" Denkens hin.

Es bedarf hier einer zusätzlichen Anmerkung, daß Wolf Biermann früher selbst einem sehr ähnlichen Verdikt unterzogen worden war. In einem Fernsehinterview zwischen M. Reich-Ranicki und dem Polit-Sänger Dieter Süverkrüp heißt es (1973):

S.: Ich muß jetzt über einen Kollegen reden: Also ich persönlich schätze Biermann als Lyriker sehr, möchte aber betonen, daß es sicherlich sehr ernste, sehr wichtige Gründe sind, die eben dazu führen, daß man ihn politisch sich nicht wirksam machen läßt. Ich halte diese politischen Gründe für richtig, weil ich meine, daß er - tut mir leid, das sagen zu müssen - objektiv der Entwicklung des Sozialismus in der DDR Schaden zufügt, - obwohl er es subjektiv sicherlich nicht will.

R.R.: Ich habe Sie richtig verstanden, Herr Süverkrüp, Sie

haben also Verständnis dafür, daß man in der DDR dem Biermann verbietet aufzutreten und zu singen?

S.: Solange er Lieder schreibt, wie er sie im Augenblick schreibt und singt, - natürlich ...

(Nachschrift der Sendung: M. Reich-Ranicki im Gespräch mit Liedermachern. ZDF, 19.7.1973)

Die sehr viel entschiedenere (und unbequemere) Position Reiner Kunzes ließe sich aus seinen Arbeiten leicht vielfältig belegen. Statt dessen seien hier einige Sätze aus einem Gespräch zitiert, das kurz nach der "Ausbürgerung" Biermanns geführt wurde:

"Wolf Biermann und ich, wir unterscheiden uns in manchem. Er sagt das selbst, und auch ich sage das hier noch einmal. Zum Beispiel trennt mich von Biermann das, was mich auch von manchem kirchlichen Oberherrn trennt, der einem zwar bestätigt, daß man die Wahrheit schreibt, aber meint, man könne auch mit der Wahrheit lügen, wenn man nicht den rechten Glauben hat. Doch ungeachtet dieser Unterschiede, sind wir, Biermann und ich, seit Jahren öffentlich füreinander eingetreten ..."

(Gespräch mit Karl Corino, aus: Deutsche Zeitung, Nr. 48, Bonn, 26. 11. 1976; zit. bei: Wallmann, a.a.O. S. 224)

VII. Über nacht setzten die bringer Beethovens
maste an straßen und plätze
spannten drähte befestigten
lautsprecher und mit dem morgen
ertönte zur bessren gewöhnung
die sinfonie nr. 5 c-moll opus 67,
laut genug daß sie gehört ward
auch in der ferne

Der mensch M. aber sagte, ihn schmerze der kopf,
ging heim gegen mittag schloß
türen und fenster und lobte
die dicke der mauern

(Forts. des Gedichts)

Die noch erhaltene nächtliche Ruhezeit dient den "bringern" der ungestörten Vorbereitung zur propagandistischen Lautsprecher-Agitation. Mit der antiquierten Technik wird wieder auf eine unbestimmte Vergangenheit verwiesen, - dennoch ist der Vorgang unmittelbar gegenwärtig: Akustische Umweltverschmutzung durch Lautsprecher, die nicht ganz einfach abzuschalten sind; Musikzwänge in vielen Lebensbereichen, - auf staatlichen Aufmarschplätzen, aber auch in der Schule; räumlich expandierende Musikvermittlung, die Wohngebiete, Städte, Landschaften beschallt: musikalisches environment, in dem Fluchtwege nicht vorgesehen sind.

> BONN:
> Eine aus dem Konzertsaal übertragene Sinfonie Ludwig van Beethovens soll in allen Häusern empfangen werden. Zimmerlautstärke ist unerwünscht. An den geöffneten Fenstern sollen die Lautsprecher aufgestellt werden. - BONN IM BANNE BEETHOVENS - Wirklichkeit 1977
>
> Daß sich jemand zu Beethoven verurteilt glaubte, wird nicht berichtet. - Ob darnach gefragt wurde?

Der "mensch M." läßt guten Willen erkennen, aber dann - "gegen mittag" - beginnt die Musik zu wirken; er sucht den Schutz seines Hauses, - lobt die "dicke der mauern".

Herausgefordert, knüpften die bringer Beethovens
draht an die mauern und hängten
lautsprecher über die fenster daß
durch die scheiben drang
die sinfonie nr. 5 c-moll opus 67

Der mensch M. aber ging aus dem haus und zeigte
an
die bringer Beethovens;
doch jeder fragte ihn, was er habe
gegen Beethoven

Angegriffen, klopften die bringer Beethovens
am tore des menschen M., stellten als er es auftat
hinter die schwelle den fuß; die sauberkeit lobend
traten sie ein
Zufällig kam auch die rede
auf Beethoven
und zur belebung des themas hatten sie
zufällig bei sich
die sinfonie nr. 5 c-moll opus 67

Der mensch M. aber schlug mit der eisernen
schöpfkelle
ein auf die bringer Beethovens
Er wurde verhaftet zur zeit

Den "Bringern" ist das Lob auf "die dicke der mauern" unerklärlich, - aber es gibt ihnen Kraft und Stärke zu neuen Überzeugungstaten. Die Herausforderung wurde gesucht und gefunden, - zu Ehren der guten Sache, - zu Ehren Beethovens. Die Eskalation der Mittel beginnt: Herausforderung und Gegenwehr, Angriff und Gegenangriff, Verhaftung, - und (um es vorwegzunehmen) später: Mordanklage und mörderisches Urteil, zynische Rechtfertigung.

Der "mensch M.": Typischer Querulant, Werkzeug des Volksfeindes, Dissident, Verächter des gesunden Volksempfindens: "jeder fragte ihn, was er habe / gegen Beethoven". Man begegnet ihm vermittelnd mit sanftem Druck, stellt den Fuß hinter die Schwelle, - lobt aber auch Lobenswertes. Der geplante Zufall spricht für methodisches Geschick.

Der mit Musik dauernd Beschäftigte nimmt die "Bringer Beethovens" in besonders ausgeprägter Weise auf unterschiedlichen Verstehens- und Assoziationsebenen auf. In ständiger Gefahr, Zusammenhänge zu wörtlich zu nehmen, verfehlt er deren übertragenen Sinn. Allerdings: Die "Aussage" könnte auch einen so hohen Allgemeinheitsgrad besitzen, daß sie allzu fachspezifische Überlegungen rückwirkend legitimiert.

Dem Didaktiker drängt sich in diesem Sinne ein Abschnitt des Gedichtes als sehr charakteristisch auf, der kurz als "Besuch der Bringer bei M." zu bezeichnen wäre. - Die "Szene" beschreibt - isoliert betrachtet - Vorgänge, die im Unterricht häufig zu beobachten sind: Der Lehrer stellt "hinter die schwelle den fuß", - er nutzt jede Gelegenheit, Zugang zu den Schülern zu gewinnen, sobald sie sich ihm noch so beiläufig öffnen. Das auf allgemeinverbindliche Wertschätzungen abgestimmte Lob wirkt derart aufschließend, daß die Gelegenheit, "zur Sache zu kommen", sofort ergriffen wird. Spätestens zu diesem Zeitpunkt merkt der Schüler, daß er einem methodischen "Einstiegstrick" aufgesessen ist.

Konkrete Beispiele finden sich immer wieder in Stundenprotokollen, - aber auch (verdeckt) in Unterrichtshilfen u.ä. unterrichtspraktischen Arbeiten. So wird etwa der Weg von der POP-Musik-Fassung zum Original selbst dann noch für redlich gehalten, wenn der Einstieg über die von Schülern allein akzeptierte "moderne Musik" (=populäre Musik) nur als motivierender Vorwand genommen wird. Die in vielen Klassen beim Stichwort "Beethoven", "Mozart", "Strawinsky" usw. deutlich artikulierte Abneigung ist wenigstens zum Teil aus dem Unvermögen zu erklären, für die geistig anspruchsvolle Annäherung an das unverwechselbare Kunstwerk sachbezogen zu motivieren.

Schüler, die etwas gegen "Klassik" haben, weil die Beschäftigung mit ernstzunehmender Musik (im Musikindustrie- und Rundfunkjargon: "E" = Ernste Musik) oft erst dann zur "Lustgewinnoptimierung" führt, wenn zuvor geistige Arbeit investiert wurde, sollten eben über diese Bedingungen nicht leichtfertig getäuscht werden. Die für jeden Unterricht selbstverständliche "Anstrengung des Begriffs" gilt gerade auch für ein Fach, das sich im Bewußtsein der Allgemeinheit - und damit auch in dem von Schülern und Lehrern - vorwiegend aus verschiedenartigsten Ausgleichsfunktionen legitimiert.

Die fachdidaktische Literatur zeigt, daß dieses oft übersehen wird. Die Fehleinschätzung setzt mit der Vorstellung ein, jemand könne überhaupt etwas "gegen Musik" haben. "Die Schüler scheinen auf musikalischem Sektor jederzeit von Lernbedürfnissen beflügelt, neugierig, erwartungsfreudig und lassen sich durch nichts in der Welt von intensiver Beschäftigung mit allen Spielarten von Musik ablenken. Die Wirklichkeit sieht anders aus." (Heinz Lemmermann, Musikunterricht, Bad Heilbrunn 1977, S. 163) Wird Sachinteressiertheit - fälschlich - als grundsätzlich vorhanden angesehen, dann schlägt Unterricht bei deren tatsächlichem Fehlen unmittelbar in autoritäre Handlungsmuster um.

Zumindest theoretisch ergeben sich veränderte Verhältnisse, wenn sich Musikunterricht aus einem ideologischen Überbau legitimiert. Musikinteresse steht dann im Dienste der "höheren" Aufgabe, die selbst als so unbezweifelbar angesehen wird, daß Desinteresse schon in die Nähe von Systemkritik geraten würde. Da sich derartige Systeme "in immer höherer Qualität" zu reproduzieren suchen, beschreiben sie Unterricht in der Regel aus dem überzeugten Wissen um das, was dem Menschen nottut. Ständig bedrängender Zweifel über "richtige" Ziele wird als "Perspektivlosigkeit" einer zum Untergang verurteilten Gesellschaft gesehen.

"Die ästhetische Aneignung der Wirklichkeit durch den Menschen und das ästhetisch-künstlerische Erlebnis dienen in der sozialistischen Gesellschaft - erstmalig in der

Geschichte der Menschheit - der allseitigen und harmonischen Entwicklung aller Mitglieder der Gesellschaft. Erstmalig werden in diesem Rahmen die erzieherischen Potenzen der Musik für die Erziehung zur Weltanschauung und Moral der Arbeiterklasse eingesetzt." (Autorenkollektiv, METHODIK-Musikunterricht, Berlin 1976, S. 18)

VIII.

Mörderisch nannten die tat des M.
anwalt und richter der bringer Beethovens
Doch hoffnung sei immer
Er wurde verurteilt
zur sinfonie nr. 5 c-moll opus 67
von Ludwig van Beethoven

Da trommelte M. und schrie
bis stille war

(Forts. des Gedichts)

Beethovens Kunst bedeutet eine große Gewissenserforschung für die Menschheit.
Wehe der Zeit, die ihn flieht,
die ihn zu verkleinern sucht,
die diesen unerbittlichen,
grandiosen
Weckruf nicht erträgt!
Wehe der Zeit, der Größe und letzte Intensität
unbequem und lästig ist!
Sie spricht sich damit selbst ihr Urteil.
(D. von Hildenbrand (1935); zit. bei H.H. Eggebrecht, a.a.O. S. 19, Anm. 1)

Schon die rechtzeitige Verhaftung des "M.", die Verhinderung weiterer Untaten, erscheint als Akt wahrer Humanität. Es folgt: Mordanklage unter Berücksichtigung subjektiver Unzurechnungsfähigkeit. Zwar schützt Mangel an besserer Einsicht nicht vor Strafe, aber Resozialisierung beginnt beim Prinzip Hoffnung. Die Verurteilung zu erneuter Auseinandersetzung mit dem wahren Guten zeugt einerseits von unbegrenztem Vertrauen in dessen Wirksamkeit, andrerseits von der Hoffnung, der Mensch werde seine wahre Bestimmung letztlich doch erkennen und sich ihr öffnen.

Die Würde des Gerichts verlangt es, daß der "mensch M." zu "M." wird. (Erst am Sarge wird wieder von dem "menschen M." gesprochen.) - Andrerseits wird die zur

Strafe gewordene "große Gewissenserforschung" zitiert wie ein liturgisches Haupstück: "sinfonie nr. 5 c-moll opus 67 von Ludwig van Beethoven". Dieses Urteil ist die Chance, an der sich der "M." selbst zu messen haben wird. Daß er hierfür kein rechtes Maß findet, bedeutet das Todesurteil aus eigenem Ermessen.

Eine Vorstellung vom Ende des "M." mag für das Gedicht wenig erschließend sein, - dem Verfasser indes drängt sie sich in einer beklemmenden Collage auf.

<u>HINTERGRUNDMATERIALIEN</u> (Auswahl):

1. Das letzte Stück der Sinfonie ist mit 3 Posaunen
und Flautino
- zwar nicht 3 Pauken,
wird aber mehr Lärm als 6 Pauken
und zwar bessern Lärm machen.
(Beethoven an Graf Franz v. Oppersdorff)

2. "Musikhören wirkt sich ... aus auf Veränderungen der Atmung, der Herztätigkeit, des Kreislaufs, des Stoffwechsels und der Gehirnfunktionen ... Die stärksten Veränderungen werden durch kräftige, laute Musik hervorgerufen."
(G. Kleinen, Zur Psychologie musikalischen Verhaltens, Frankfurt 1975, S. 37)

3. JEDE MENGE PHON BIS ZUR OHR-AMPUTATION
(Popstar Udo Lindenberg)

4. "Gott in seiner Gnade oder die Entwicklungsgeschichte mit ihren außerordentlichen Anpassungsvorgängen stattete den majestätischen Elefanten und den geduldigen Esel mit Ohrlappen aus, mit denen sie wenigstens teilweise ihren Gehörgang verschließen können.

Aber der Mensch, diese arme Kreatur, wurde nicht so begünstigt."
(V.O. Knudsen, in: Schall und Gehör, Reinbek 1970, S. 162)

5. Dreißig Jahre lang habe ich versucht, ihm zu beweisen, daß BEETHOVEN ein großer Meister war. Das hat er mir öfter zugegeben, aber dies zugebend, war er mißgelaunt und blickte mich mißtrauisch an. 'Seine Musik', sagte er, 'erinnert mich immer an Schlachtengemälde' ... (H. Eisler über B. Brecht)

REALISATION (Skizze)

Die "bringer" als Bewährungshelfer.
Lautsprecher im Dienste der Rechtspflege.

Die 5. Sinfonie wird abgestrahlt.
ENDE DES 4. SATZES, ca. Takt 390

"... UND JETZT HÖREN WIR AUCH WIEDER
- "M." im Zentrum des Schallfeldes -
DAS THEMA DES SIEGESMARSCHES
- LÄRM als äußerstes Mittel
IN BRAUSENDER PRESTOBEWEGUNG
gegen LÄRM -
UND IM C-DUR-GLANZ
- "da trommelte M. und schrie ..."
(die Pausen der Schlußtakte verdeckend)
DEN ZU BESTÄTIGEN

BEETHOVEN NICHT MÜDE WIRD".*

... BIS STILLE WAR"
*aus: Konzertbuch, Leipzig 1972, Bd. 1, S. 140

IX. Er war schon zu alt, sagten die bringer
Beethovens
Am sarge des M. aber, sagten sie,
stehn seine kinder

Und die kinder verfügten
daß gespielt werde
am sarge des menschen M.
die sinfonie nr. 5 c-moll opus 67
(Schluß des Gedichtes)

ZITATVORSCHLAG (1) FÜR EINE GRABREDE:

Das Endziel ist die Schaffung einer Kulturgesellschaft, das heißt, eines solchen Volkes und einer solchen Menschheit, die auf jedes wirkliche Kunstwerk mit außergewöhnlicher Dankbarkeit reagieren, die den Boden bilden, auf dem jedes von uns ausgesäte Samenkorn außerordentlich üppige Frucht bringen, wo der brüderliche Austausch zwischen allen Gefährten in der humanistisch-schöpferischen Tätigkeit den Charakter eines von ungewohnter Intensität erfüllten, herrlichen Daseins annehmen wird ...

(A.W. Lunatscharski, zit. in: Musik in der Schule, 11/77, S. 359)

Wenn der Hinweis auf sein Alter dem "menschen M." früher als Vorwand ausgelegt worden war, so dient er jetzt als Erklärung für die gescheiterte Überzeugungstat. Jede verbleibende Spur von Schuldgefühlen wird mit dem Hinweis auf die Kinder, deren Verhalten die Tat öffentlich rechtfertigen wird, ausgeräumt. Das "ausgesäte Samenkorn" bringt "üppige Frucht": die Kinder nehmen den Tod des "M." als notwendigen Tribut an eine bessere Zukunft an, - und werden so selbst zu "bringern". Sie verfügen, daß die Botschaft, die den "menschlichen M." bedauerlicherweise noch nicht erreichte, ein Zeichen der Hoffnung und zuversichtlichen Gewißheit über das Grab hinaus setze.

Jenseits der Vision des Poeten und außerhalb des thematischen Zusammenhangs (?) sei hier auf reale Vorgänge verwiesen, - z.B.: "Wieviel Elend hätten wir der Welt erspart, wenn wir früher ans Werk gegangen wären! Ich bin also bei dem alten, seit elf Jahren mich bewegenden Rätsel! ... Bei den Kindern von Gregor Strasser, den Herr Hitler im Sommer 1934 hatte ermorden lassen ... bei diesen Elfjährigen, denen man den Vater geschlachtet, die dann aber keine vier Wochen nach der Mordtat erklärten: "Der Führer hat's getan, und was der Führer tut, ist recht." Oh, gigantische Psychose, unfaßliche Massenbesoffenheit, auf die der gigantischste Katzenjammer der Welt folgen wird! ..." (Fr.P. Reck-Malleczewen, Tagebuch eines Verzweifelten, Lorch 1947, hier zit. aus der Ausgabe Frankfurt/Hamburg 1971 (= Fischer Bücherei 1162) S. 140)

ZITATVORSCHLAG (2) FÜR EINE GRABREDE:

> Seine Botschaft der Menschheitsbefreiung und Völkerverbrüderung sollen wir ganz in uns aufnehmen, sie soll uns entflammen zu immer größeren Taten beim Aufbau der neuen Welt.
> Die machtvoll erschütternde Tonsprache Beethovens kommt aus den Herzen von Millionen werktätiger Menschen, sie ist die Sprache der Menschlichkeit und des Friedens,
> des Kampfes um das große Neue,
> eine Sprache,
> die von jeder revolutionären Epoche verstanden wird.
> (E.H.Meyer, Ludwig van Beethoven, in: Musik der Renaissance-Aufklärung, Leipzig 1973, S. 248 f)

X. "... Lesen Sie aufmerksam einige Gedichte
in meinem Buch 'Sensible Wege'.
Verzeihen Sie, wenn ich schreibe 'aufmerksam'.
Ich will nicht schulmeistern.
Ich meine etwas anderes. Ich meine,
hinter den Gedichten steht Biografie ..."
(R. K., aus: Butzbacher Autorenbefragung. Briefe zur Deutschstunde. Hg. v. H.-J. Müller. München 1973; zit. b. J.P. Wallmann, a.a.O. S. 136)

Standen bisher direktes Wortverständnis und unmittelbarer Handlungsablauf im Vordergrund unserer Überlegungen, so gilt es jetzt, Annäherungen an deren übertragenen Sinngehalt zu versuchen. Dem Hinweis auf die hinter den Gedichten stehende Biografie ist relativ leicht zu folgen, wenn es um die vordergründige Thematik "Beethoven" geht: Reiner Kunze bezeichnet die Musik als "die Kunst der Künste", zu der er eine "unglückliche Liebe" hegt. Bei der Schwierigkeit, sich für ein Studium der Literatur, Malerei oder Musik entscheiden zu müssen, habe sein "zweiter Geigenlehrer" die Weichen gestellt: "Abgesehen von seiner Methode, mit dem Geigenbogen in den Nacken zu schlagen, hatte er recht." (zit. b. J.P. Wallmann, a.a.O. S. 13) - Reiner Kunze studierte Literatur- und Kunstgeschichte, aber auch Musikgeschichte, - und so werden ihm die Fragen der Beethoven-Rezeption nicht entgangen sein. In die 50er Jahre fällt Kunzes "große politische Desillusionierung", die - nach Studium und Assistentenzeit in Leipzig - kurz vor der Promotion äußerlich mit dem Ende seiner wissenschaftlichen Laufbahn einhergeht. In die gleichen Jahre fällt aber auch die Einvernahme Beethovens für den sozialistischen Staat. - So heißt es im März 1952 in einer offiziellen "STELLUNGNAHME DES ZK DER SED" unter anderem:

> "... VII. Beethoven ist ein Gipfelpunkt der großen Musiktradition, zu der Meister wie Schütz, Bach, Händel, Gluck, Haydn und Mozart, Weber, Mendelssohn und Schubert, Schumann, Brahms, Wagner und andere gehören. Ihr Schaffen und die Meisterwerke der großen Musiker anderer Nationen, besonders die klassische russische Musik, sind die Vorbilder für die Weiterentwicklung der deutschen Musikkultur in der Gegenwart.
>
> Die amerikanischen Kulturbarbaren und ihre Lakaien schänden das Andenken Beethovens, indem

sie Bonn, seine Geburtsstadt, für die verderblichste nationale Entwürdigung mißbrauchen.

Von Bonn aus werden die kosmopolitischen Zersetzungsversuche der großen deutschen Kulturwerte unternommen, um das Nationalbewußtsein des deutschen Volkes zu zerstören.

Von Bonn aus wird die Fremdherrschaft gegen Millionen deutscher Menschen ausgeübt, werden Bruderkrieg und Völkerhaß geschürt, werden Beethovens erhabene Forderungen nach Frieden und Völkerfreundschaft mit Füßen getreten.

Von Bonn aus wird ein neues Terrorregime aufgerichtet, das jeden friedliebenden und demokratisch gesinnten Deutschen in Westdeutschland durch Polizeibüttel und Ausnahmegesetze mundtot zu machen versucht.

... Wir wenden uns an alle friedliebenden und wahrhaft patriotischen Menschen in Deutschland mit der Aufforderung, den 125. Todestag Ludwig van Beethovens im Sinne der besten Söhne unseres Volkes, im Geiste des Kampfes für nationale Einheit und Unabhängigkeit, für Frieden und Völkerverständigung als Gedenktag würdig zu begehen."
(EINHEIT, Nr. 4, 1952; zit. in: E. Schubbe (Hg.), Dokumente zur Kunst-, Literatur- und Kulturpolitik der SED, Stuttgart o.J. (1972) S. 232 f)

Angesichts solcher Texte leuchtet die seit den 20er Jahren häufig erhobene Forderung ein, die am meisten mißbrauchten Werke Beethovens für einige Zeit aus dem Verkehr zu ziehen.

Zu welchen Höhen der Wertschätzung es Beethoven in der DDR brachte, mag - stellvertretend für eine umfangreiche Literatur - der folgende Satz Ernst Hermann Meyers andeuten:
BEETHOVEN IST EINE DER STÄRKSTEN PERSÖNLICHKEITEN DER DEUTSCHEN GEISTESGESCHICHTE VOR MARX UND ENGELS ...

Obwohl das mit der Beethoven-Rezeption verbundene Gedankengut hinreichender Anlaß für ein Gedicht von der Art der "Bringer Beethovens" hätte sein können, deuten Reiner Kunzes vielfältige Äußerungen zu seiner Dichtung - nicht zuletzt aber seine Arbeiten selbst - darauf hin, daß der Sinngehalt des Gedichtes auf einer allgemeineren Ebene aufzusuchen ist. Der thematische Vorwurf, der dem in musikgeschichtlichen Zusammenhängen Bewanderten besonders entgegenkommt, würde für viele Leser unverständlich bleiben, denen die Wirkungsgeschichte der großen Beethoven-Sinfonien, - insbesondere aber der 5. Sinfonie -, unbekannt ist.

Die "Bringer Beethovens" entstanden in zeitlicher Nähe zum Bau der Berliner Mauer. Der Gedanke, hier einen möglichen Anlaß für das Gedicht zu sehen, liegt deswegen nahe, weil die Errichtung des "demokratischen Schutzwalls" nicht ohne die bestätigende Rundfunkübertragung einer Beethoven-Sinfonie verlief, (womit nur ein weiteres Glied in der Kette von "Beethoven-Benutzungen" durch Staatswesen aller Art und in aller Welt geliefert wurde.)

Reiner Kunze hat diesen Zusammenhang nicht bestätigt. In einem Brief vom 14. 3. 1978 an den Verf. schreibt er:

> "... von einem Anlaß zu den "Bringern Beethovens" kann ich nicht sprechen, es waren ungezählte und den verschiedenen Lebensbereichen entspringende Anlässe, die eines Tages die Vision aufkommen ließen zu den "Bringern Beethovens". Ich mußte zu oft erleben, wie man mit dem Besten, das Menschen hervorgebracht haben, Menschen töten kann ..."

Diese Aussage bedarf keiner weiteren Interpretation. Statt dessen sei ein anderer Autor zitiert, der Ähnliches in anderem Kontext ausführt:

> Die Freiheit kann nicht identifiziert werden
> mit dem Guten,
> mit der Wahrheit,
> mit der Vollkommenheit.
> Die Freiheit hat ihre eigene selbständige Natur,
>
> die Freiheit ist Freiheit
> und nicht das Gute.
>
> Und eine jede Vermengung und Identifizierung
> der Freiheit mit dem Guten und der Vollkommenheit selbst
> ist eine Verneinung der Freiheit,
> ist ein Bekenntnis zu Gewalt und Nötigung.
>
> Das zwangsweise Gute
> ist schon nicht mehr das Gute,
> es wird so zum Bösen.
> (N. Berdjajev, Die Weltanschauung Dostojewskijs,

München 1925, S. 54; zit. b. P. Watzlawick et al., Menschliche Kommunikation, Bern [4]1974, S. 184 f. Anm. 8)

XI.
Abschließend seien einige Gedanken und Beobachtungen angedeutet, die den Verfasser nach der Begegnung mit den "Bringern Beethovens" (wieder) beschäftigten.

1. Die Vermutung, ein derartiges Gedicht sei hierzulande nicht von vornherein verständlich, bestätigte sich in einem Versuch mit Schülern und Studenten. Die Interpreten waren aufgefordert, in aller Kürze - und ohne den Autor zu kennen - Aussagen über das Gedicht zu machen. Das Ergebnis war - von Ausnahmen abgesehen - außerordentlich beunruhigend. Wenn schon kaum wirkliche Annäherung an den Sinngehalt des Gedichts gelangen, so wären bessere Zugänge zum thematischen Vordergrund immerhin zu erwarten gewesen, - zumal es sich in beiden Gruppen um Musikinteressierte handelte.

Die hier angebrachten Bedenken richten sich allerdings weniger an die Interpreten, als vielmehr an deren Lehrer, denen es offensichtlich nicht gelungen ist, zu aufmerksamem Lesen anzuleiten und inhaltliche Voraussetzungen zu schaffen, durch die Durchblicke und Einsichten erst möglich werden.

"FEHLINTERPRETATIONEN":

(1) Ich sehe zwei Interpretationsansätze:
1. , das es falsch ist, wenn jemand (z.B. ein Lehrer) bestimmt, welche Musik gut und welche schlecht ist und darauf besteht, daß die "gute" Musik - hier identisch mit "Klassik" - von allen als einzig wahre Musik akzeptiert bzw. angesehen wird.
2. "Schicksalssymphonie", d.h., wer sich gegen sein Schicksal wehrt, kämpft auf verlorenem Posten. Man kann nicht gegen sein Schicksal ankämpfen ...

(2) Das Gedicht richtet sich gegen die Vermarktung von Musik. Der Autor will darauf hinweisen, wie sehr gesellschaftlich geprägte Normen und Vorstellungen manipulierend eingesetzt werden können ... Die Einstellung des Autors gegenüber der 5. Sinfonie Beethovens scheint negativ zu sein ...

(3) Der Autor scheint sich mit diesem Staat zu identifizieren. Er will durch sein Gedicht zeigen, daß man nicht gegen die Herrschaft opponieren kann, da es für den Einzelnen nur Nachteile bringt ...

Die hier sichtbar werdenden bedenklichen Mißverständnisse mögen für sich selbst sprechen. Sie werden ergänzt durch musikliterarische und musikpädagogische Gemeinplätze: "MUSIKVERMARKTUNG" und "MANIPULATION" durch Musik. - "GUTE" (= Klassik) und "SCHLECHTE" (= "moderne"/Pop-) MUSIK. - Beethovens 5. Sinfonie als Inbegriff von SCHICKSAL, - wobei diese Thematik selbst noch im Sinne populärer Musikvermittlung undifferenziert verstanden wird.

2. Der Verfasser ließ sich durch die "Bringer Beethovens" anregen, erneut einigen, mit der Rezeptionsgeschichte der 5. Sinfonie verbundenen Problemen hörend und lesend nachzugehen. Wenn Bewunderung für ein derartiges Ausmaß interpretatorischen Scharfsinns und verbalen Könnens zunächst überwog, so stellte sich später eine tiefgreifende Ratlosigkeit angesichts der Tatsache ein, daß weder Partitur noch klingende Wiedergabe nachvollziehbare Zusammenhänge erkennen ließen. Zweifellos wurde der Verfasser bisher nicht vom Geiste Beethovens erfüllt, denn er hört wenig von dem, was nach der Einsicht von Musikwissenschaftlern und -pädagogen, von Kulturpolitikern und Literaten aller Schattierungen zu hören sein soll.

3. In seiner o.g. Arbeit "Zur Geschichte der Beethoven-Rezeption. Beethoven 1970" hat H. H. Eggebrecht eine Vielzahl von Quellen auf deren "Rezeptionskonstanten" untersucht und in "Begriffsfeldern" zusammengefaßt. Eggebrecht versucht, über solche "Begriffsfelder" zur "Gehaltsfindung bei Beethoven" vorzustoßen. Einwänden begegnet er mit dem Hinweis, daß "auch in ihrer kompositorisch differenzierten Konkretion ... Beethovens Werke auf 'Felder' reduzierbar (sind), Felder im Sinne von Stilmerkmalen, Grundprinzipien der Komposition. So wie die Analyse musikalischen Sinnes Prinzipien der Satzbildung aufsuchen kann, so die Gehaltsfindung die Substanzen des Gehalts. Auf sie ... reagiert in Begriffsfeldern die verbale Rezeption." (a.a.O. S. 78)

Für die Ableitung der Rezeptionskonstanten auf die gehaltliche Werksubstanz entwickelte Eggebrecht ein Erklärungsmodell, das als "Theorie der ästhetischen Identifikation - Zur Wirkungsgeschichte der Musik Beethovens" 1977 erschien (in: Musikalisches Denken - Aufsätze zur Theorie und Ästhetik der Musik - Wilhelmshaven 1977 (= Taschenbücher zur Musikwissenschaft, Bd. 46), S. 255 ff). Eggebrecht versteht die "ästhetische Identifikation"

"gemäß der zweifachen Bedeutung des Begriffs der

> Identifizierung in dem doppelten (voneinander abhängigen) Sinn, daß das sinnliche Verstehen das intendierte Gebilde als das 'identifiziert' (erkennt, 'wiedererkennt'), was es seinem intendierten Sinn nach für die Sinne sein will, und daß das sinnliche Verstehen dabei zugleich mit diesem Sinn 'sich identifiziert' im Sinne einer 'Identität', einer Gleichwerdung von intendiertem Sinn und sinnlichem Verstehen." (a.a.O S. 2) "Die ästhetische Identifikation (deren Ergebnis die ästhetische Identität ist) bildet das Zentrum, den 'Kern' der Wirkungs- und Rezeptionsgeschichte eines Musikwerks. Und dieser Kern ist konstant." (a.a.O. S. 261)

Eggebrecht verweist alle nicht-konstanten Elemente in einen Bereich, den er als "Hülle" bezeichnet. Wie fragwürdig ein solches Verfahren ist, soll hier nur durch die Stichworte 'Geschichtlichkeit' und 'Vergleich' angedeutet werden: Für Eggebrecht ist die 'ästhetische Identifikation'

> "- obwohl stets an geschichtliche Gebilde, Situationen und Personen geknüpft - ... selbst kein geschichtlich bedingter Prozeß, sondern so immer wieder ein und dieselbe, wie ja die binnenmusikalischen Definitionsprozesse, die den Sinn zu verstehen geben, immer die gleichen bleiben. Und auch der Hörer gerät - obwohl geschichtlich determiniert - kraft der ästhetischen Identifikation jenseits seiner Geschichtlichkeit, insoweit sein aktuelles Ich (das Hören als sein augenblickliches sinnliches Bewußtsein) durch die Aktualität der Definitionsvorgänge okkupiert wird, deren Mitvollzug ihm den musikalischen Sinn zu verstehen geben. Das ästhetische Verstehen steht so jenseits von Geschichte und von Vergleichen überhaupt, wie es dem ästhetischen Gebilde selbst wesensfremd ist, Geschichte mitzuteilen und ein Vergleichen zu bewirken. Zum Wesen der ästhetischen Identifikation gehört das Ausschließende ihrer Aktualität, in dem die Konstanz des Verstehens beheimatet ist." (a.a.O. S. 262)

Eggebrecht, der seine Theorie erstmals anläßlich des Internationalen Beethoven-Kongresses Berlin (Ost) 1977 vortrug, löste damit nicht nur bei marxistischen Musikwissenschaftlern lebhaften Widerspruch aus.

4. Die Verständnisschwierigkeiten, die im Zusammenhang mit Reiner Kunzes Gedicht sichtbar wurden, sind auch das Ergebnis eines weitverbreiteten (kultur-)politischen Desinteresses. So verfolgt den Verfasser - in seinem Arbeitsbereich - seit langem die Vorstellung, ein bundesrepublikanischer Musikliebhaber könne auf einen musikinteressierten DDR-Bürger stoßen und dabei feststellen, daß eine Verständigung über Musik nicht mehr möglich ist, weil sich sowohl das verwendete Begriffsrepertoire als auch grundlegende Formen musikalischen Denkens zu weit voneinander entfernt haben.

Das schulische Lehrplanwerk der DDR weist sehr präzise aus, was über Musik zu denken ist - einschließlich der dabei verwendeten Begriffe. Die Auseinandersetzung mit "bürgerlichen" Musikvorstellungen dient zwar der Bestätigung eigener Anschauungen, ist aber - wenn auch noch so verkürzt - eingeplant. Die Forderung, das "sozialistische Musikverständnis" wenigstens in den Kreis möglicher Unterrichtsthemen aufzunehmen, wäre von hierher zu begründen. Hinzu kommt allerdings die Tatsache, daß westdeutsche Musikpublikationen aller Art inzwischen eine Fülle "marxistischer" Argumentationsschemata enthalten. (Selbst ein Satz, wie ihn Hansjörg Pauli - in: Beethoven '70, Frankfurt a.M. 1970, S. 30 - formulierte, wäre noch eine Auseinandersetzung wert:

> BEETHOVENS VIOLINKONZERT MEINT DEMOKRATIE, ALSO SOZIALISMUS)

5. Die Begriffe SCHULE und SCHULUNG liegen beängstigend nahe beieinander. Zu fürchten ist, daß auch Musikunterricht im Interesse "klarer Unterrichtsergebnisse" häufig das Risiko geistiger Auseinandersetzung, die immer über das rein Fachliche hinausreicht, scheut und zur Schulungsstätte wird.

Reiner Kunze: Kurzer Lehrgang (a.a.O.), DIALEKTIK:

UNWISSENDE DAMIT IHR
UNWISSEND BLEIBT

WERDEN WIR EUCH
SCHULEN

MARIE LUISE LINN

# Reiner Kunzes "Die wunderbaren Jahre"
## Analyse der literarischen Form

Reiner Kunzes Prosatexte "Die wunderbaren Jahre", im Herbst 1976 erschienen, von westdeutschen Kritikern sofort intensiv zur Kenntnis genommen, hielten sich monatelang auf den Bestsellerlisten. (1) Auch in der DDR erreichten die dort offiziell heftig kritisierten Texte durch Rundfunklesungen und private Abschriften einen breiten Leserkreis. Über das Interesse mancher westdeutscher Leser an diesen Texten geben insbesondere solche Rezensionen Aufschluß, die sich auf Fragen des Inhalts beschränken: Hier steht im Vordergrund die Vorstellung, daß Kunzes Texte in polemisch zugespitzter Form Aspekte der DDR-Wirklichkeit widerspiegeln, daß sie Auskunft geben über das Verhältnis dieses Staates zu den Heranwachsenden; sie werden als "Dokumente" betrachtet. (2) Auch für die Behandlung im Deutschunterricht scheinen diese kurzen und anscheinend so leicht verständlichen Texte geeignet. Dabei kann außer dem Gesichtspunkt "Auskunft über DDR-Wirklichkeit" zusätzlich mit der Möglichkeit gerechnet werden, daß diese Texte auch gelesen werden können als Identifikationsmuster für Jugendliche, denen gesellschaftliche Ordnung als solche schon als Repressionsmechanismus erscheint.

Beide Aspekte legen es nahe, die literarische Form dieser Texte genauer zu untersuchen. Insbesondere ist zu prüfen, inwieweit hier von einer Darstellung der Wirklichkeit gesprochen werden kann (I), in welcher Weise die Einordnung der als Wirklichkeit ausgegebenen Erfahrung vorgenommen wird (II) und ob möglicherweise eine schon durch einen literarischen Gestus vororientierte Erfahrungsweise von Wirklichkeit vorliegt (III).

I.

Tatsächlich machen viele Stücke den Eindruck, daß unmittelbar vorgefundene Wirklichkeit reportagehaft aufgenommen wird. Es ist zum Beispiel die Rede davon, daß ein als politisch "unsicheres Element" eingestufter Jugendlicher während seiner Urlaubsreise mehrfach von der Polizei sistiert und schließlich an seinen Heimatort zurückgebracht wird, weil man annimmt, er wolle - was ihm seiner angeblichen Unzuverlässigkeit wegen untersagt worden war - zu den Jugendfestspielen in die

Hauptstadt der DDR reisen (S. 38 - 42). - Eine Gruppe von Jugendlichen wird von der Polizei aus dem Bahnhofswartesaal gewiesen, weil sie angeblich dort die "Ordnung" stört (S. 37). - Ein Staatsanwalt berichtet über das Vorgehen der Behörden gegen eine unliebsame Jazzband (S. 57). - Lehreräußerungen werden berichtet zur "Kleiderordnung" der Schüler (S. 32, 33), zum Literaturunterricht (S. 45). - Reaktionen auf die Ereignisse des August 1968 in der CSSR werden aufgenommen als eigene Erfahrungen des Autors (S. 88, 89ff.) oder als Aussagen jüngerer DDR-Bürger (S. 94 - 100) bzw. der unmittelbar betroffenen Prager Bürger. Bei näherem Zusehen zeigt sich aber, daß es den Texten nicht darauf ankommt, lediglich bestimmte Wirklichkeitsaspekte darzustellen, sondern an dieser Wirklichkeit etwas aufzuweisen, was sie von sich aus nicht offenbart. Wenn es zum Beispiel in dem Text "Ordnung" am Schluß heißt, nachdem die Jugendlichen den Bahnhofswartesaal verlassen mußten,

> "Draußen ging ein feiner Regen nieder. Der Zeiger der großen Uhr wippte auf die Eins wie ein Gummiknüppel." (S. 37)

dann ist mit diesem Vergleich eben nicht eine Wirklichkeit wiedergegeben, sondern eine Erfahrungsweise von Wirklichkeit, die sich als Konsequenz bestimmter gesellschaftlicher Ordnungen darstellt. Durch das Arrangement des Autors, hier durch eine Form der Pointierung, wird der Text so organisiert, daß an der dargestellten Wirklichkeit eine Bedeutungsstruktur offengelegt wird.

Das hier zu beobachtende Verfahren entspricht den Bauprinzipien der Anekdote. Nicht zufällig haben Rezensenten Kunzes auf die Gattungstradition der Anekdote verwiesen. (3)

Nun hat die Anekdote die Gattungseigentümlichkeit, daß sie auf bestimmte historische Gegebenheiten, im engeren Sinne auf bestimmte historische Personen Bezug nehmen muß. Zwar ist ein großer Teil des uns überlieferten Anekdotenmaterials Wandergut, aber die Anekdote lebt von der Glaubwürdigkeit, daß dieser oder jener Vorfall in einer bestimmten historischen Situation, an einem bestimmten historischen Ort einem bestimmten historischen Subjekt zugestoßen oder von ihm veranlaßt worden sein kann. Bei Kunze wird nicht von bestimmten historischen Persönlichkeiten gesprochen, und die Subjekte, von denen die Rede ist, bleiben blaß. Sie erscheinen häufig als bloße Namen (Michael, Jürgen), ja sogar nur mit Anfangsbuchstaben bezeichnet (der Mann aus W.) oder als Träger bestimmter Funktionen innerhalb der staatlichen Ordnung (der Staatsanwalt, der Direktor, der Lehrer). Beschreibungen, die ihren sozialen Ort näher bestimmen oder individuelle Eigenarten verdeutlichen können, fehlen in der Regel. Nur für die Figur der Tochter trifft das nicht zu, außerdem für einige wenige Texte aus dem 'Café Slavia' überschriebenen Schlußteil, über dessen Sonderstellung noch zu sprechen sein wird.

Walter E. Schäfer (4) hat mit guten Gründen die Frage aufgeworfen, ob die Anekdote in ihrer klassischen Begriffsbestimmung für die moderne Literatur noch repräsentativ sein kann oder ob sie nicht übergeht in andere literarische Formen, in denen es gerade nicht um Taten und Vorfälle individueller Subjekte geht, sondern um generelle, verallgemeinerbare Strukturen menschlichen Verhaltens. Aus diesem Grund hat Schäfer für Kurztexte von Brecht oder Frisch geradezu von Antianekdoten gesprochen. Das Problem, ob es sinnvoll ist, derartige Begriffe wie Anti-Anekdote, Anti-Märchen zu bilden, soll hier nicht weiter erörtert werden; immerhin haben auch die von Schäfer als Antianekdoten beschriebenen Texte noch immer die Eigenschaft, an einem als Faktizität ausgewiesenen Vorfall etwas darzustellen, das als Generelles und nicht weiter Hintergehbares erscheint. Das dargestellte Faktum selbst erscheint als Mittel der Glaubwürdigkeitssicherung, also im Rahmen eines rhetorischen Gestus, der weit in die Tradition der Rhetorik zurückreicht. (5)

In diesem Sinne lassen sich bei Kunze als typisches literarisches Verfahren bestimmte Strukturen solcher Glaubwürdigkeitssicherung erkennen. Dazu gehört etwa die Reduktion des auktorialen Erzählers auf eine rein formale Funktion ("sagte er", "sagte sie") zu dem Zweck, Sprach- und Redehandlungen als tatsächlich vorgefallene zu dokumentieren. Diese Form weisen viele Texte erzählenden Charakters auf (z.B. 'Besuch' S. 70). Ebenso wirkt die quasi-dokumentarische Wiedergabe von Dialogen, die allenfalls ein Minimum an Situationsbeschreibung aufweisen (als Beispiel für viele: die Dialoge zwischen Kindern und Erwachsenen im Textteil 'Friedenskinder').

Es handelt sich hierbei jedoch nicht um ein rein rhetorisches Verfahren, bei dem die Glaubwürdigkeitssicherung letzten Endes von der Autorität des Sprechers abhängt, sondern darüber hinaus werden nachprüfbare Fakten und Vorkommnisse zitiert (Weltjugendfestspiele), bekannte Namen genannt (Biermann, Havemann), auf bestimmte, dem DDR-Leser vertraute Sachverhalte angespielt ('Stasi-Ballade'; Vorgehensweise des Staatssicherheitsdienstes). Eine besondere Rolle spielt in diesem Zusammenhang auch die Verwendung von Zitaten (aus offiziellen Dokumenten: Zeugnis S. 46, Relegationsbescheid S. 62; aus in der DDR positiv bewerteten Autoren: 'Flugblätter' S. 53 - 56).

Der Einsatz dieser Mittel erfolgt zugleich zu dem Zweck, auch an anderen Stellen der dort allein vom Autor verantworteten Faktizitätsversicherung erhöhte Glaubwürdigkeit zu verleihen, so wenn auf Vorkommnisse angespielt wird, deren Zeugen zu ihrer eigenen Sicherheit angeblich nicht genannt werden dürfen ('Schießbefehl', S. 15, mit der "Unkenntlichmachung" des Geschehensortes).

II.

Theodor Verweyen hat mit Bezug auf das Apophthegma, das in dieser Hinsicht vergleichbar ist, die Formulierung von der "Signatur des Aufgewiesenen" gebraucht. (6) In der Tat geht es Kunze darum, an der Wirklichkeit durch textuelle Verfahren etwas aufzuweisen, und eben hierin besteht der Erkenntniswert der literarischen Form, deren Nähe zur Tradition der Anekdote und verwandten Gattungen wohl deutlich geworden ist. Bevor wir danach fragen, was dieses an der Wirklichkeit Aufzuweisende, der besondere Erkenntniszweck von Kunzes literarischer Form eigentlich sei, worin ihre Besonderheit oder Allgemeinheit bestehe, untersuchen wir zunächst, welche textuellen Verfahren überhaupt verwendet werden.

Auch hier steht Kunze in Gattungstraditionen, die sich freilich nicht ohne weiteres unter dem Begriff Anekdote verrechnen lassen. In einer Rezension hat Antonin Brousek (7) zu Recht darauf aufmerksam gemacht, daß sich die Prosatexte der "Wunderbaren Jahre" von Kunzes früheren, mehr lyrischen Arbeiten hinsichtlich ihrer inneren Form gar nicht so grundsätzlich unterscheiden, wie es der äußere Anschein nahelegt. Wenn man etwa das folgende Gedicht aus dem 1972 erschienenen Band "Zimmerlautstärke" (8) genau ansieht:

ZIMMERLAUTSTÄRKE

Dann die
zwölf Jahre
durfte ich nicht publizieren sagt
der mann im radio

Ich denke an X
und beginne zu zählen

so kann man in diesem Text geradezu von einer epigrammatischen Struktur sprechen. Ein bestimmtes Verhältnis von Frage und Antwort, das nach Lessing (9) dem Epigramm eigentümlich ist, wird schon in der äußeren Form sichtbar. "... beginne zu zählen" verweist auf einen noch nicht abgeschlossenen Zeitraum, in dem jemand (dessen Name chiffriert werden muß als X; vielleicht Biermann, von dem das nächste Gedicht handelt) Publikationsverbot hatte und noch hat. Von etwas Gegenwärtigem ist also die Rede, und der Leser wird veranlaßt, nachzudenken über den in der Vergangenheit liegenden Vorgang, den der erste Teil des Gedichts beschrieben hatte: Die zwölf Jahre der NS-Herrschaft sind nach dem Vorgeben des "Mannes im Radio" vergangen, erweisen sich aber im Licht des zweiten Teils als so vergangen nicht. Die Pointe des Gedichts: Jemand, der im Radio aus Legitimationsgründen über vergangenen Totalitarismus spricht, kann nicht vermeiden, daß eben dieses Sprechen zum Anstoß der Reflexion über noch herrschenden Totalitarismus wird. Diese Art der Pointierung weist an einer ("im Radio") vorgefundenen Sprachhandlung etwas auf, das zum Ausgangspunkt eines dialektischen Reflexionsprozesses wird.

Man mag in diesem Zusammenhang von Witz reden, wenn man dabei die Bedeutung des Wortes "Witz" im 18. Jahrhundert im Auge behält und nicht an Kleinformen gesellschaftlicher Komik denkt. Es ist eine merkwürdig zerebrale Form des Witzes, ein dialektischer Witz, wie er von Brecht her geläufig ist, in dessen Tradition Kunze selbst sich sieht (10), auch wenn die Pointe bei Kunze in eine andere Richtung weist.

Eine vergleichbare Verfahrensweise der Pointierung finden sich in zahlreichen Texten der "Wunderbaren Jahre":

WEIHNACHTEN

Sie saß neben mir auf der Bank und badete ihr Gesicht in der Sonne. Sie hatte ihre Augenbrauen ausgewechselt, mit Pinzette: ein für allemal. Die neuen waren strenge Linien, die von der Kindheit trennten.
Wir schwiegen, sie bei geschlossenen Augen. Doch wer weiß, was sie sah, denn plötzlich sagte sie: "Wenn doch schon Weihnachten wäre."

Die Rosen blühten.
"Was hast du vor zu Weihnachten?" fragte ich.
"Nichts", sagte sie. "Aber dann wäre doch Weihnachten."
Ich entsann mich, daß sie auch vergangenes Jahr nicht hatte auf den Weihnachtsbaum verzichten wollen. Geschmückt mit Lametta, Zuckerwerk und zwölf Kerzen, hatte er in ihrem Zimmer gestanden - vor einem riesigen Plakat mit lachendem Che Guevara.
(S. 51)

Zunächst scheint der Text lediglich von einem Entwicklungssprung zu sprechen (Auswechseln der Augenbrauen als bewußte Abkehr von der Kindheit). Im folgenden erweist sich freilich diese scheinbar endgültige Trennungslinie als eben nicht vollständig überschritten, insofern der kindliche Wunsch nach Weihnachtsfeier und Tannenbaum weiter besteht. Die Wiederholung des scheinbar als leere Worthülse verwendeten Wortes "Weihnachten" verweist auf ein Bedürfnis nach den Gefühlswerten, die zu diesem Fest assoziiert werden, als eine noch kindliche Wunscherfüllung. Die eigentliche Pointe des Textes aber, angezeigt durch einen Gedankenstrich, besteht in der sonderbaren Plazierung des Weihnachtsbaumes, schon im vergangenen Jahr, vor einem roten Plakat des Che Guevara. Durch eben diesen vom Autor mitgeteilten Umstand wird dem Leser der Nachvollzug der Dialektik des Witzes aufgegeben: Der "unangemessene" Standort des Weihnachtsbaumes macht seine Loslösung aus dem Kontext christlichen oder wenigstens sentimentbestimmten Feierns deutlich, seine Verselbständigung als bloßer Fetisch. Aber indem das rote Plakat des Che Guevara zur Umgebung des Weihnachtsbaumes wurde, wurde gleichzeitig der Weihnachtsbaum auch zur Umgebung dieses Plakats. Im Rückschlag der dialektischen Reflexion kann sich der Leser dem Gedanken nicht entziehen, daß es mit dem Plakat eine ähnliche Bewandtnis haben könnte wie mit dem Weihnachtsbaum: Sollte das Plakat Guevaras nicht auch ein verselbständigter Fetisch sein, vielleicht ein Fetisch für gesellschaftliches Engagement, politische Ausrichtung und Aktivität? Indem dieser Gedanke der Vergleichbarkeit beider Gegenstände gefaßt ist, weisen beide zurück auf die Bedeutung, die sie im Kontext des benannten Entwicklungsprozesses haben. So unterschiedlich, ja widersprüchlich ihre Bedeutungsdimension ist, sie stimmen darin überein, Ausdruck zu sein für ein kindlich-jugendliches Sich-Orientieren an Symbolen; beide sind Vergegenständlichung von Illusionen, die sich der Härte der Realität noch gar nicht ausgesetzt haben.

In diesem Textbeispiel wird die Pointe vom Autor sehr bewußt gesetzt und macht so das Arrangement des Textes durch den Erzähler deutlich. Andere Texte gehen darüber hinaus und präsentieren die Dialektik als in der Wirklichkeit selbst enthaltene - so im folgenden Beispiel:

SIEBENJÄHRIGER

In jeder Hand hält er einen Revolver, vor der Brust hat er eine Maschinenpistole hängen.
"Was sagt denn deine Mutter zu diesen Waffen?"
"Die hat sie mir doch gekauft."
"Und wozu?"
"Gegen die Bösen."
"Und wer ist gut?"
"Lenin."
"Lenin? Wer ist das?"
Er denkt angestrengt nach, weiß aber nicht zu antworten.
"Du weiß nicht, wer Lenin ist?"
"Der Hauptmann."
(S. 10)

In diesem Text ist die Pointe in die scheinbar bloß dokumentierte Sprachhandlung hineingenommen. Die Reflexion, zu der diese veranlaßt, erscheint als ein Zwang der Wirklichkeit selbst: Das Argumentieren des Jungen ist in sich rekursiv, er vermag über Lenin nur auszusagen, daß er "der Hauptmann" ist, d.h., er kann ihn nur einordnen hinsichtlich seiner Funktionsstelle in eben dem Spiel, dessen Legitimität in Frage stand. Es sollte gerechtfertigt werden durch die Berufung auf eine moralische Qualität außerhalb des Spiels (gut/böse). Diese Pointe erscheint als eine Stilblüte aus Kindermund; aber indem der Autor sie mitteilt, erhält sie Repräsentativität für etwas, das den sprachlichen Zirkelschluß des Siebenjährigen allererst erklärt: Sie repräsentiert eine allgemeine Legitimationskrise, in der die Begründungsmuster für die unterschiedliche Beurteilung der eigenen militärischen Anstrengung im Vergleich zu der des Gegners in Frage gestellt werden.

Indem der Leser eine der zentralen Autoritäten des gesellschaftlichen Systems reduziert sieht auf eine Funktion innerhalb eines Spiels, erweist sich dieses Spiel als nicht mehr gesellschaftsbezogen, sondern als Rückfall in atavistische Aggression. Und im dritten Schritt legt sich der Schluß nahe, daß, so wie es sich mit dem kindlichen Spiel verhält, es auch mit der militärischen Konfrontation der Systeme seine Bewandtnis haben könnte. - Eine sehr ähnliche Struktur weist der Text "Neunjährige" (S. 12) auf.

In anderer, vergleichbarer Weise zeigt auch das "aus der Schule Plaudern" des Staatsanwalts ("Taktik", S. 57 f.) solche Strukturen dialektischen Umschlagens: Er führt ein Funktionärsdenken vor, das die zunächst unpolitischen Verhaltensformen Jugendlicher nur in idelogischer Verzerrung betrachten kann ("Gegner") und ironischerweise gerade dadurch, mit dem administrativen Vorgehen gegen eine Jazzband, selbst erst politisierend in der supponierten und befürchteten Tendenz wirkt.

Mit ähnlichen Mitteln arbeitet Kunze auch in dem folgenden Beispiel:

> BEWEGGRÜNDE
>
> In E., sagte sie, habe sich ein Schüler erhängt.
> Am nächsten Morgen hätten Jungen verschiedener Klassen schwarze Armbinden getragen, aber die Schulleitung habe durchblicken lassen, daß die Armbinden als Ausdruck oppositioneller Haltung gewertet würden. Der Schüler sei Mitglied der Jungen Gemeinde gewesen und habe einen Zettel mit durchgekreuztem Totenkopf und der Aufschrift "Jesus Christus" hinterlassen. Als erste hätten die Abiturienten die Armbinden abgelegt, weil sie kurz vor den Prüfungen stehen.
> Einigen Schülern, die nicht in die Klasse des Toten gehen, sei es vom Lehrer erlaubt worden, an der Beerdigung teilzunehmen, aber auf Anordnung der Schulleitung habe der Lehrer die Erlaubnis rückgängig machen müssen. Dem Pfarrer sei es nicht gelungen, den Direktor umzustimmen. Die Parteimitglieder habe man angewiesen, Gespräche über den Toten zu unterbinden.
> Am Tag der Beerdigung sei für die Zeit des Unterrichts ein Schülerwachdienst eingeführt worden, und die Schultür sei abgeschlossen gewesen.
> (S. 64)

(Die Verfahren der Glaubwürdigkeitssicherung sind auch

in diesem Text zu beobachten: Der Autor läßt eine nicht weiter charakterisierte "sie" aus ihrer Erfahrungsperspektive erzählen, der fiktive Geschehensort wird chiffriert, Reaktionen der Betroffenen oder des Autor-Hörers bleiben ausgespart - ein nüchterner Zeugenbericht, so scheint es.)

Die Trauer der Mitschüler, die sich im Tragen des Trauerflors ausdrückt, erscheint als normale Reaktion mitmenschlichen Verhaltens. Die Schulleitung hingegen leitet daraus die Vermutung einer politisch motivierten "Opposition" ab. Dabei bleibt im Text völlig ungeklärt, ob der Selbstmörder mit seinem Tod überhaupt ein politisch zu verstehendes Zeichen hatte setzen wollen. Offenbar genügt bereits der hinterlassene Zettel, der Auferstehungshoffnung eines Christen assoziiert, als Rechtfertigung einer solchen Annahme. (Informiertheit über das Verhältnis von Kirche, speziell Junger Gemeinde, und Staat in der DDR wird beim Leser vorausgesetzt, was für westdeutsche Jugendliche das Verständnis erschweren dürfte.) Die folgenden Textabschnitte führen vor, wie jede Form der Anteilnahme an dem Toten von der Schulleitung als Politikum bewertet und unterdrückt wird. Der Erzählung des Staatsanwalts vergleichbar ("Taktik"), darf auch hier vermutet werden, daß erst durch diese Maßnahmen die ursprüngliche menschliche Gefühlsäußerung der Schüler in einen politischen Kontext gerückt wird, die Schulleitung mithin durch ihre zwanghaft auf das Aufspüren politischer Opposition fixierte Sicht des Geschehens diese erst provoziert. Der "Schülerwachdienst" und die verschlossene Schultür können, so muß der Leser schlußfolgern, bei den Schülern kaum eine andere Reaktion hervorrufen als die eines fortwirkenden inneren Protestes, vor allem aber die Frage danach, welche "Beweggründe" Schulleitung und Behörden bei ihren Maßnahmen geleitet haben. Und dabei wird deutlich - der pointierende Kommentar des Titels weist darauf hin -, daß von Beweg-Gründen im Sinne positiver, zukunftsträchtiger Motivation von Handlung schlechthin nicht die Rede sein kann, vielmehr auch das System, vertreten durch die Schulbehörde, sich selbst "eingeschlossen", zur Immobilität verurteilt hat, nur noch fähig zur Re-Aktion auf den supponierten Gegner. Der dialektische Umschlag, zu dessen Nachvollzug der Leser angehalten wird, liegt hier in der Beziehung von Textschluß ("abgeschlossen") und Titel.

Diese Art der dialektischen Pointierung ließe sich vielfach belegen, wobei die Funktionen im einzelnen unterschiedlich sein können; sie ist als das den Texten eigene und charakteristische Verfahren der Rezeptionslenkung auszumachen. Es ist dies eine Verfahrensweise, die zu langsamem und nachdenklichem Lesen zwingt, zu wiederholter Lektüre, einem Rezeptionsverhalten also, das einem Meditieren über die als Wirklichkeit ausgegebenen Strukturen nahekommt.

Für die Lenkungsverfahren der Pointierung sind nicht nur der innere Aufbau und die Textschlüsse ausschlaggebend, ein wesentliches Element der Leserlenkung ist auch die Verwendung der Titel. Es lassen sich dabei im wesentlichen zwei Verwendungsweisen unterscheiden: "Friedenskinder", "Die wunderbaren Jahre" oder "Erbe" erweisen sich nach der Lektüre der betreffenden Einzeltexte oder Textgruppen als in ironischem Kontrast zum Dargestellten stehend. Wie lassen sich angesichts der vorgeführten Erfahrungen Jugendlicher mit ihrem Staat diese Jugendjahre noch als "wunderbar" im Sinne des Zitats aus Capotes "Grasharfe" bezeichnen? Diese Form der Titelgebung unterstützt das bereits aus der Pointenstruktur resultierende, Mehrfachlektüre nahelegende Rezeptionsverhalten. Eine Variante ironischer Titelverwendung bieten Beispiele wie "Beweggründe" oder "Ordnung", bei denen sich der Titel, der zunächst ein Positives zu nennen scheint, nachträglich als ambivalent erweist.

Der zweite, ebenfalls häufig vorkommende Titeltyp läßt direkter als die ironisierende Verwendung den scheinbar so unbeteiligten Autor als Kommentator in Erscheinung treten: Titel wie "Gefangen", "Ballast", "Schießbefehl" fassen das Dargestellte zusammen und geben ein Urteil darüber kund.

Alle diese Verwendungsweisen, die den Leser dazu anhalten, über die Beziehung zwischen Titel und nachfolgendem Text zu reflektieren, verliehen diesen Texten strukturelle Ähnlichkeit mit dem Emblem. (11) Auch im Emblem steht die inscriptio häufig zum in der nachfolgenden pictura dargestellten Wirklichkeitsbefund in einer Art von Rätselbeziehung, für deren Auflösung es der abschließenden subscriptio bedarf. Die wahre Bedeutung dieses Wirklichkeitsbefundes (im Falle des Emblems etwa eine Naturbeobachtung oder die Darstellung eines Vorgangs aus dem menschlichen Leben) wird erst durch diese umschließenden Kommentare erhellt. Schöne spricht von der "Doppelfunktion des Darstellens und Deutens" (12). Ähnliches gilt auch für die Texte Kunzes: Die Pointierung der Textschlüsse und die ironisch oder direkt kommentierenden inscriptiones der Titel führen zu der intendierten Bedeutung des Wirklichkeitsbefundes, fördern die "Signatur des Aufgewiesenen" zutage.

III.

Die barocke Emblematik war in ihren Pointierungsverfahren davon abhängig, daß das Aufweisen der Bedeutung des Wirklichen bestimmten vorgegebenen Rahmenbedingungen allegorischen Interpretierens folgte. So stellt sich auch bei den Texten Kunzes unausweichlich die Frage, ob nicht die Sinnebene seiner Texte gleichfalls topisch vorgegeben ist. Gerade ihre Leichtverständlichkeit und relativ eindeutige Auslegbarkeit legen den Gedanken nahe, daß es eine solche Vorgegebenheit seiner Texte geben könnte, die als eine bestimmte Erfahrungsweise von Wirklichkeit oder als ideologische Grundstruktur interpretierbar wäre. Die Rezensenten haben dies bemerkt, wenn sie von Kunzes Texten als von Parabeln oder allegorischen Strukturen sprechen (13), Gattungseigentümlichkeiten, die es notwendig machen, diese Texte noch einmal nach anderen Gattungszugehörigkeiten als nur der der Anekdote zu überprüfen.

Die Anekdote lebt davon, daß sich in der erzählten Wirklichkeit etwas verbirgt, das sich als solches nicht ohne weiteres mit den jeweils vorhandenen Mitteln begrifflich exakt fassen läßt. Im Gegensatz dazu läßt sich meines Erachtens für Kunzes Texte keineswegs von einer vergleichbaren Unbestimmtheit sprechen, vielmehr weisen sie eine relativ konsistente Bestimmtheit auf. Dies gilt in besonderem Maße für die Textgruppe "Verteidigung einer unmöglichen Metapher", denen das titelgebende Motto aus Capotes "Grasharfe" vorangestellt ist: Sie alle zielen auf ein Auslegungsmuster hin, das sich in Begriffsopposition wie Ungebundenheit / Ordnung, Freiheit / Verfügtheit, lebendige Wirklichkeit / totalitäre Einengung der Realität fassen läßt. Einige Kritiker haben denn auch auf die Gefahr der Schablonenhaftigkeit des Kunze'schen Witzes hingewiesen. In der Tat erscheint mir aus der tendenziellen Formelhaftigkeit der angezielten Auslegungsmuster ein ästhetischer Einwand gegen diese Texte formulierbar zu sein.

Freilich liegt es nahe zu fragen, ob dieser Einwand nicht durch den Verweis auf andere Gattungstraditionen entkräftet werden könnte, in denen diese Texte stehen. Der Hinweis auf das für Brecht eigentümliche Verfahren der Pointierung, die Erinnerung an die Emblematik erfolgten nicht zufällig. Heinz Schlaffer hat in einem instruktiven Aufsatz über "Denkbilder" (14) dargestellt, wie es in den frühen 30er Jahren zur Ausprägung einer bestimmten literarischen Form gesellschaftsreflexiven Denkens kam. Walter Benjamin ("Einbahnstraße"), Max Horkheimer ("Dämmerung"), Ernst Bloch ("Spuren"), Theodor W. Adorno ("Minima Moralia") veröffentlichten Sammlungen kurzer Prosatexte, für die sich (jedenfalls für Benjamin) die Tradition barocker Emblematik nachweisen läßt ("Denkbild" als deutsche Übersetzung von emblema (15)) und die ganz offensichtlich für Brechts Arbeiten sehr einflußreich waren. Um nicht Schlaffers Beispiele einfach zu wiederholen, soll das Signifikante dieser literarischen Textgruppe an einem Text aus Blochs "Spuren" kurz aufgezeigt werden:

> SINGSANG
>
> Merkwürdig, wie das manche halten, sieht sie niemand. Die einen schneiden morgens Gesichter, noch andre tanzen sich eins, die meisten summen sinnlos vor sich hin. Auch in Pausen, beim Zahlen etwa, summen manche etwas, das man nicht versteht, das sie selber nicht hören, in dem aber viel darin sein mag. Da fallen Masken ab oder ziehen neue auf, je nachdem. Närrisch genug ist die Sache. Allein sind viele etwas irr, sie singen ein Stück von dem, was früher mit ihnen los war und nicht fest geworden ist. Sie sind schief und geträumte Puppen, weil man sie gezwungen hat, noch schiefer und öder erwachsen zu werden. (16)

Ein Stück Wirklichkeitsbeobachtung, eine gesehene oder gehörte Merkwürdigkeit wird vorgeführt, an die sich eine Reflexion über das Beobachtete anschließt. Doch wird rasch deutlich, daß der eigentliche Zweck der Beobachtung eben die Reflexion ist, daß die aufgefundene Wirklichkeit als Veranlassung der Reflexion dient und allein um dieser willen mitgeteilt wird. Im Gegensatz zur Anekdote, die mindestens den Gestus der Authentizität historischer Wirklichkeit hat, wird bei Bloch und den anderen genannten Autoren Wirklichkeit bereits strukturiert unter dem Gesichtspunkt der Aussageintention.

> "Aus Begebenheiten kommt da ein Merke, das sonst nicht so wäre, oder ein Merke, das schon ist, nimmt kleine Vorfälle als Spuren und Beispiele. Sie deuten auf ein Weniger oder Mehr, das erzählend zu bedenken, denkend wieder zu erzählen wäre." ("Spuren", S. 16)

Die Gattung lebt davon, daß die Wirklichkeit ihre Wahrheit nicht naiv preisgibt, daß vielmehr Wirklichkeit erst konstituiert wird durch bestimmte Weisen ihrer Erfahrung und Erfahrbarkeit, die als solche wiederum theoretisch gefaßt und aufgeklärt werden können ("... ein Merke, das schon ist ..."). Indem Wirklichkeit aber nicht um der vorgeblichen Merkwürdigkeit eines Aufgefundenen willen dargestellt wird, sondern als Veranlassung der Reflexion dient, kann das im Text zitierte Wirklichkeitselement, von dem die Reflexion auszugehen scheint, auf ein Minimum reduziert werden, so daß die Denkbild-Form zum tendenziösen Witz zusammenschmilzt, wie in dem folgenden Beispiel:

> Symbol. - Ein Bettler träumte von einem Millionär. Als er aufwachte, traf er einen Psychoanalytiker. Der erklärte ihm, der Millionär sei ein Symbol für seinen Vater. "Merkwürdig", antwortete der Bettler. (17)

Hier macht sich bereits eine Verselbständigung der Reflexionsstruktur bemerkbar (noch deutlicher ausgeprägt in Benjamins "Einbahnstraße", dessen Texte auch aphoristische Formen einschließen). Im Vergleich des Symbol-Beispiels von Horkheimer mit einer der Keuner-Geschichten von Brecht wird diese Form der Verselbständigung evident:

> EINE GUTE ANTWORT
>
> Ein Arbeiter wurde vor Gericht gefragt, ob er die weltliche oder die kirchliche Form des Eides benutzen wolle. Er antwortete: "Ich bin arbeitslos." - "Dies war nicht nur Zerstreutheit", sagte Herr K. "Durch diese Antwort gab er zu erkennen, daß er sich in einer Lage befand, wo solche Fragen, ja vielleicht das ganze Gerichtsverfahren als solches, keinen Sinn mehr haben." (18)

Der aufklärerisch-didaktische Zug dieser Texte ist unverkennbar, er ist zu verstehen aus einer bestimmten geistesgeschichtlichen Situation, in der die Autoren aus der Anschauung der sozialen und ökonomischen Krise der Zeit um 1930 von den Einsichten kritisch-marxistischer Theorie aus nach Veränderungsmöglichkeiten suchen. Sie stehen dabei in dem auch von ihnen erkannten Dilemma, daß ihre Argumente keine Resonanz finden, jedenfalls nicht in einer Form, die unmittelbare gesellschaftliche Auswirkungen haben könnte. Schlaffer konstatiert einen Zug politischer Resignation in den Denkbildern, besonders in den erst nach 1940 geschriebenen "Minima Moralia" Adornos, die die Ohnmacht kritischer Erkenntnis gegenüber der politischen Entwicklung thematisieren.

Kunzes Vertrautheit mit den von Schlaffer so benannten Formen des Denkbildes ist offensichtlich, freilich auch die von ihm vorgenommene Umfunktionierung der Form. Wenn der Vergleich seiner Texte mit den aufgewiesenen Strukturen des Denkbildes legitim ist, so muß doch auch auf einen wesentlichen Unterschied hingewiesen werden, der zu allererst in der gegenüber den Denkbildern stark eingeschränkten Erfassung von Wirklichkeit deutlich wird. Zwar strukturieren auch Bloch, Horkheimer und Brecht das Material der Wirklichkeit entsprechend der zugrundeliegenden theoretischen Aussageintention, doch erfassen sie gleichwohl eine breite Fülle von Erscheinungen, die insgesamt den Eindruck von Komplexität und Vielfalt vermitteln. (19) Kunze hingegen thematisiert eine Erfahrungsweise von Wirklichkeit, bei der diese nur sehr ausschnitthaft und partiell in den Blickpunkt kommt. Indem er sich auf weitgehend gleichartige Wirklichkeitserfahrungen beschränkt, erreicht er eine verstärkte polemische Tendenz des Gesamttextes. Doch kann er damit die Gefahr nicht ausschließen, daß eine schablonenhaft-antinomische Erfahrungs- und Aneignungsweise von Wirklichkeit verstärkt wird. Dies insbesondere dann, wenn jugendliche Leser sich mit diesen Erfahrungsweisen identifizieren, die die polemische Tendenz der Texte nicht auf eine breite Erfahrung des damit gemeinten System aufzutragen in der Lage sind.

Während die Texte Blochs, Horkheimers, Brechts auf einen didaktischen Effekt zielten, auf die Vermittlung theoretischer Einsichten in die Notwendigkeit gesellschaftlicher Veränderung, läßt sich derartiges über Kunzes Texte nicht ohne weiteres sagen. Die seinen Texten zugrundeliegende topische Vorstrukturierung der Wirklichkeit und die daraus resultierende eindeutige Auslegbarkeit erscheint zunächst als resignatives Verharren in der Negativität. Man hat von Kunzes Haltung als der eines resignativen Humanismus gesprochen (20), und Kunze selbst mit seiner Berufung auf Camus (21) legt solche Interpretationen nahe. In der Tat sind die bisher benannten Auslegungsmuster zunächst solche einer negativ verbleibenden Kritik. Seine Texte wären dann zu lesen als gesellschaftskritische Satire. Dies freilich scheint doch nicht das letzte Wort zu sein, man kann vielmehr die von den Kritikern festgestellte Negativität sehr wohl auch interpretieren als Negativität im ästhetischen Sinne. Im Gesamtkontext der "Wunderbaren Jahre" gibt es durchaus Ansätze zu einer durch die Negativität ausgesparten und eben dadurch angedeuteten Positivität. Dies gilt bereits für das titelgebende Motto und seinen Bezug auf Capote:

> Ich war elf, und später wurde ich sechzehn.
> Verdienste erwarb ich mir keine, aber das waren die wunderbaren Jahre.
> (S. 26)

Wenn diesem Motto auf der vorhergehenden Seite ein Gruppentitel "Verteidigung einer unmöglichen Metapher" vorangestellt wird, dann wird damit in dieser "Verteidigung" ein ausgespartes, aber dennoch deutliches Positives sichtbar. (22) In besonderem Maße ist dafür jedoch der letzte Teil des Buches heranzuziehen, der den Untertitel "Café Slavia" trägt. Kunze übersetzt und zitiert hier Gedichte seiner tschechischen Freunde. In zahlreichen Interviews hat Kunze seine persönliche starke Bindung an die CSSR benannt, die über familiäre Beziehungen (seine Frau ist Tschechin) auch ins Menschliche und Politische geht. Die übersetzten Gedichte, von unterschiedlicher literarischer Qualität (23), erhalten ihren wesentlichen Stellenwert in diesem Band als Indikator einer Tugend der Solidarität, die mehr ist als ein bloßer Appell zur Humanisierung des Systems. Zunächst scheinen manche dieser Texte nichts anderes zu besagen als die auf die DDR-Wirklichkeit bezogenen in den vorhergehenden Abschnitten des Bandes. Doch zeigt sich an anderen, daß hier mehr gemeint ist, als nur die "Signatur des Aufgewiesenen" ablesbar zu machen: Vielmehr enthalten sie durchaus eine Art sehr bestimmter Handlungsanweisungen. Eine stille oder auch aggressive Solidarität wird vorgeführt, die sich in Gesten (Blumen für die tschechische Ehefrau des Autors, S. 88), in Aktionen (Flugblätterverteilen, S. 99) oder ganz einfach in stillschweigender Nichtbeachtung (eines DDR-Bürgers im Prager Café, S. 89) äußern kann.

"Das Begräbnis" (S. 102), bei dem die bloße Teilnahme bereits Demonstration ist für eine Haltung eines versteckten, aber eben deshalb um so zäheren Widerstandes gegen die Repression, ist dafür wohl das beste Beispiel.

Es ist deshalb auch nicht verwunderlich, wenn sich in diesem letzten Teil des Bandes Texte finden, deren Pointenstruktur neue Dimensionen hinzugewinnt: "Mein Freund, ein Dichter der Liebe" (S. 92) charakterisiert in einem kurzen Vorspann diesen Dichter als einen "Dogmen zersetzenden Ironiker", einen "Tabu-Brecher" (angesichts der Spärlichkeit beschreibender Elemente in Kunzes Texten gewinnt eine solche Charakterisierung besondere Bedeutung), läßt dann diesen Freund sein "privates" Erlebnis des Einmarsches in Prag im August 1968 erzählen. Nach ironisch kommentierender Sorge, wie er sich angesichts einer nächtlichen Besucherin mit der bei ihm übernachtenden Frau werde auseinandersetzen müssen, läuft der Text in die Pointe aus:

> "... sagt sie, auf dem Wenzelsplatz stehen sowjetische Panzer. - Junge, wenn du wüßtest, was da in mir vorging: War ich froh, als es nur die Panzer waren."

Hier handelt es sich nicht mehr um die aus den Denkbildern oder Keuner-Geschichten vertrauten, typischen Strukturen des dialektischen Witzes, vielmehr wird die objektiv erlittene Repression in einer Weise kommentiert oder bewältigt, die durch einen Einschuß subjektiv-masochistischer Selbstironie auf dem Weg ist zum Humor Schwejkscher Provenienz.

## Anmerkungen

1 Über die Entstehungsgeschichte der westdeutschen Ausgabe, die wichtigsten Rezensionen und die Auswirkungen der Publikation auf den Autor bis zu seiner Übersiedlung in die Bundesrepublik vgl. Mytze, Andreas W. (Hrsg.): Über Reiner Kunze. europäische ideen, Sonderheft 1976, Berlin 1976; Wallmann, Jürgen P. (Hrsg.): Reiner Kunze, Materialien und Dokumente, Frankfurt a.M. 1977 (zitiert: Dok.). - Kunzes Texte werden zitiert nach der Ausgabe des S. Fischer Verlages, Frankfurt a.M. 1977; Druckauflage im Juli 1978, 188. Tausend, dazu Buchclub-Ausgaben

2 Z.B. Rieger, Manfred: General-Anzeiger 23.12.76; Steinmetz, Erdmann: Nordsee Zeitung 25.10.76; Romain, Lothar: Vorwärts 21.10.76; Corino, Karl: europäische ideen (Anm. 1), S. 12

3 Corino (Anm. 2), S. 12, erinnert an Kleist und Hebbel; Ignée, Wolfgang: europäische ideen (Anm. 1), S. 13; Kaiser, Joachim (Anm. 1), S. 25

4 Schäfer, Walter Ernst: Anekdote - Antianekdote. Zum Wandel einer literarischen Form in der Gegenwart. Klett-Cotta, Stuttgart 1977 (= Literaturwissenschaft - Gesellschaftswissenschaft 32)

5 Über die ästhetische Bedeutung der Faktizität als Mittel der Beglaubigung handelt, am Beispiel des Dokumentartheaters, Bernd W. Seiler: Exaktheit als ästhetische Kategorie, in: Poetica 6 (1973), S. 389 - 433, bes. S. 429 f

6 Verweyen, Theodor: Apophthegma und Scherzrede. Gehlen, Bad Homburg v.d.H., Berlin, Zürich 1970 (= Linguistica et Litteraria Bd. 5)

7 Brousek, Antonin: Pointierte Wirklichkeit der DDR. Neue Rundschau 87 (1976), S. 674-678, bes. S. 676

8 Kunze, Reiner: Zimmerlautstärke. Gedichte. S. Fischer Verlag, Frankfurt a.M. 1977 (Fi-Tb. 1934), S. 38

9 Lessing, Gotthold E.: Zerstreute Anmerkungen über das Epigramm, und einige der vornehmsten Epigrammatiker. Göschen, Stuttgart 1890, Bd. 6, bes. S. 3

10 Berufung auf "... die poetische Analyse Brechts (sein Denken in paradoxen gedanklichen Verknüpfungen) ..." (Kunze: Antworten auf Fragen des Deutschen Seminars der Universität Basel, Dok., S. 132, vgl. Anm. 1)

11 Schöne, Albrecht: Emblematik und Drama im Zeitalter des Barock. C.H. Beck, München 1968; über den Aufbau des Emblems und die Funktion seiner Teile, insbes. S. 18 ff

12 Schöne (Anm. 11), S. 21

13 Isani, Claudio (europäische ideen, vgl. Anm. 1, S. 11): "Gleichnisse, ... Parabeln"; Becker, Rolf (Anm. 1, S. 10): "parabelhaft verknappte Miniaturen"; Schütte, Wolfram (Anm. 1, S. 30): Parabeln und Gleichnisse als Mittel listiger Opposition (mit Hinweis auf Brecht). - Die Einordnung als Parabel erfolgt wohl einerseits im Hinblick auf die Knappheit der Texte (Zurücktreten der Beschreibungselemente), andererseits, damit zusammenhängend, einer in vielen Texten vorfindlichen Verallgemeinerungsstruktur, die Repräsentanz des Dargestellten beansprucht, z.B. durch Titelgebung ('Siebenjähriger' = typisches siebenjähriges "Friedenskind") oder indem die redenden/handelnden Personen als entindividualisierte und daher den Status des Typischen beanspruchende vorgestellt werden ("der Lehrer" = der typische Durchschnittslehrer). Jedoch wird dabei übersehen, daß Kunzes Texte im Gegensatz zu "klassischen" Parabeln nicht auf einen Lehrsatz, eine Verhaltensnorm abzielen

14 Schlaffer, Heinz: Denkbilder. Eine kleine Prosaform zwischen Dichtung und Gesellschaftstheorie. In: Kuttenkeuler, Wolfgang (Hrsg.): Poesie und Politik. Kohlhammer, Stuttgart 1973, S. 137 - 154

15 Schlaffer (Anm. 14), S. 142. - Zur Wortgeschichte: Schulz, Eberhard Wilhelm: Zum Wort 'Denkbild', in: Schulz: Wort und Zeit. Wachholz, Neumünster 1968, S. 218 - 252

16 Bloch, Ernst: Spuren. Suhrkamp, Frankfurt a.M. 1978 (seitenidentisch mit Bd. 1 der Gesamtausgabe), Suhrkamp Tb 451, S. 12. - Es sollte zu Schlaffers Aufsatz noch kritisch angemerkt werden, daß die von ihm behauptete formale Gleichartigkeit der Textgruppe 'Denkbild' keineswegs so deutlich auszumachen ist. Vielmehr zeigt bereits die Lektüre der 'Spuren' eine formale Vielfalt, bis hin zur Anlehnung an Formen der Kalendergeschichte ("Die glückliche Hand", S. 198 ff)

17 Horkheimer, Max: Dämmerung. In: Horkheimer: Notizen 1950 bis 1969 und Dämmerung, hrsg. v. Werner Brede. S. Fischer, Frankfurt a.M. 1974, S. 288

18 Brecht, Bertolt: Gesammelte Werke. Suhrkamp, Frankfurt a.M. 1967, Bd. 12, S. 389

19 In dieser Hinsicht vergleichbar sind Günter Kunerts Prosatexte (Kramen in Fächern 1968, Die geheime Bibliothek 1972), die offensichtlich dem Vorbild der Denkbilder folgen und gegenüber Kunze den Vorzug einer Beobachtungsfülle haben, in ihrer theoretischen Reflexion andererseits im Vergleich etwa zu Bloch einen vergleichsweise bescheidenen Anspruch aufweisen

20 Oplatka, Andreas: "kraftlos abwinkende Geste eines Humanisten" (Mytze, vgl. Anm. 1, S. 22)

21 "Auge in Auge mit dem Nichts zu leben und im Bewußtsein der Absurdität dieses Daseins Mensch sein zu wollen, sich als Mensch zu erweisen - das ist es, weshalb ich mich auf Camus berufe", formuliert Kunze in einem Interview 1974 (Dok., vgl. Anm. 1, S. 20)

22 Vgl. die Bemerkungen Hans Mayers in seiner FAZ-Rezension (europäische ideen, vgl. Anm. 1, S. 27 - 29)

23 Vgl. die kritischen Bemerkungen von Brousek (Anm. 7), S. 678

# IV

KATJA SIEBERT/RUDOLF WOLFF
Bibliographie der
Primär- und Sekundärliteratur

## A) WERKE

### 1. Gedichtbände

**Vögel über dem Tau**
Mitteldeutscher Verlag, Halle (Saale) 1959

*

**Aber die Nachtigall jubelt**
Mitteldeutscher Verlag, Halle (Saale) 1962

*

**Widmungen**
Hohwacht Verlag, Bad Godesberg 1963

*

**Poesiealbum 11**
Verlag Neues Leben, Berlin/DDR 1968

*

**Sechs Variationen über das Thema "Die Post" und drei Gedichte**
Rowohlt Verlag, Reinbek 1968

*

**Sensible Wege**
Rowohlt Verlag, Reinbek 1969

*

**Zimmerlautstärke**
S. Fischer Verlag, Frankfurt a.M. 1972

*

**Brief mit blauem Siegel**
(Gedichtauswahl)
Verlag Philipp Reclam jun., Leipzig 1973

*

**Die Bringer Beethovens**
**(Illustrationen: HAP Grieshaber)**
Eremiten-Presse, Düsseldorf 1976

*

**Zimmerlautstärke**
Fischer Taschenbuch Verlag, Frankfurt a.M. 1977

*

**Sensible Wege**
Rowohlt-Taschenbuchverlag, Reinbek 1977

*

**Das Ende der Fabeln**
**(Grafik: Horst Stein)**
Edition Xylos, Gelsenkirchen 1978

*

**Das Kätzchen**
**(Illustrationen: Horst Sauerbruch)**
S. Fischer Verlag, Frankfurt a.M. 1979

*

**Möglichkeit, einen Sinn zu finden**
**(mit einer Grafik von Heinz Stein)**
Edition Xylos, Gelsenkirchen 1979

*

**Abbitte nach der Reise**
**(mit einer Grafik von Heinz Stein)**
Edition Xylos, Gelsenkirchen 1980

*

**Beschneiden der Apfelbäume im Winter**
**(mit einem Holzschnitt von Heinz Stein)**
Edition Xylos, Gelsenkirchen 1981

*

**Auf eigene Hoffnung**
S. Fischer Verlag, Frankfurt a.M. 1981;
Vom Autor durchgesehene Sonderausgabe der Büchergilde Gutenberg, Frankfurt a. M. und Wien 1983

## 2. Prosa und anderes

**Wesen und Bedeutung der Reportage**
Deutscher Schriftstellerverband, Berlin/DDR 1960

*

**Der Löwe Leopold**
S. Fischer Verlag, Frankfurt a.M. 1970

*

**Der Dichter und die Löwenzahnwiese**
**(Illustrationen: Ingeborg Jörg)**
Berliner Handpresse, Berlin/West 1971

*

**Der Löwe Leopold**
(erweiterte Ausgabe) Fischer Taschenbuch Verlag, Frankfurt a.M. 1974

*

**Die wunderbaren Jahre**
S. Fischer Verlag, Frankfurt a.M. 1976

*

**Georg-Büchner-Preis 1977 an Reiner Kunze**
(Reden von Heinrich Böll und Reiner Kunze) Festgabe, S. Fischer Verlag, Frankfurt a.M. 1977

*

**Die wunderbaren Jahre, Lyrik-Prosa-Dokumente**
**(herausgegeben von Karl Corino)**
Büchergilde Gutenberg, Frankfurt a.M. 1978; Deutscher

Bücherbund, Stuttgart 1978; Bertelsmann Reinhard Mohn OHG, Gütersloh 1978; Europäische Bildungsgemeinschaft Verlags-GmbH, Stuttgart 1978; Buchgemeinschaft Donauland, Kremayr und Schierau, Wien 1978; Deutsche Buchgemeinschaft C. A. Koch's Verlag Nachf., Berlin-Darmstadt-Wien 1978

*

**Wintereisenbahnerhochzeit**
Windecker Winkelpresse, Windeck 1978

*

**Die wunderbaren Jahre**
Fischer Taschenbuch Verlag, Frankfurt a.M. 1978

*

**Der Film 'Die wunderbaren Jahre'**
**(Lesefassung des Drehbuchs)**
Fischer Taschenbuch Verlag, Frankfurt a.M. 1979

*

**Wo wir wohnen**
(Auswahl)
Weilheimer Hefte zur Literatur, Weilheim 1981

*

**Ergriffen von den Messen Mozarts**
Edition Toni Pongratz, Hauzenberg 1981

*

**Eine stadtbekannte Geschichte**
Walter Verlag, Olten (Schweiz) 1982

*

**Der Dichter und die Löwenzahnwiese**
**(Illustrationen: Jan Buchholz und Reni Hinsch)**
Windecker Winkelpresse, Windeck 1983

## 3. Nachdichtungen

**Der Wind mit Namen Jaromir**
**Nachdichtungen a.d. Tschechischen**
Verlag Volk und Welt, Halle (Saale)/DDR 1961

*

**Die Tür**
**Nachdichtungen a.d. Tschechischen**
Hohwacht Verlag, Bad Godesberg 1964

*

**Fährgeld für Charon**
**Nachdichtungen a.d. Tschechischen (Jan Skácel)**
Merlin Verlag, Hamburg 1967

*

**Nacht mit Hamlet**
**Nachdichtungen a.d. Tschechischen (Vladimir Holan)**
Merlin Verlag, Hamburg 1969

*

**Wunderschöne Sträflingskugel**
**Nachdichtungen a.d. Tschechischen (Antonin Brousek)**
Bläschke Verlag, Darmstadt 1970

*

**Vor eurer Schwelle**
**Nachdichtungen a.d. Tschechischen (Vladimir Holan)**
Bläschke Verlag, Darmstadt 1970

*

**Eine Tafel, blau wie der Himmel**
**Übersetzung a.d. Tschechischen (Milos Macourek)**
**(Bilder v. Horst Sauerbruch)**
Edition Toni Pongratz, Hauzenberg 1982

*

**Sommertraum - Gedichte in Prosa von Vit Obrtel**
**Nachdichtungen a.d. Tschechischen (mit einem Original-Holzschnitt von Walter Wörn)**
Edition Toni Pongratz, Hauzenberg 1982

*

**Wundklee**
**Nachdichtungen a.d. Tschechischen (Jan Skácel)**
S. Fischer Verlag, Frankfurt a.M. 1982

*

**Manchmal schreibt mir das Weibchen des Kuckucks**
**Nachdichtungen a.d. Tschechischen und Ungarischen (Lenka Chytilová / László Nagy)**
Edition Toni Pongratz, Hauzenberg 1982

*

Übersetzung von Bühnenstücken und Hörspielen:

MILAN KUNDERA: Die Schlüsselbesitzer (aus dem Tschechischen von B.K. Becher und Reiner Kunze), Felix Bloch Erben, Berlin (West) 1962
LADISLAV DVORSKY: Der Schatz der Hexe Funkelauge Dilia, Prag 1964
LUDVIK KUNDERA: Neugier . Bärenreiter Verlag, Kassel 1966
JOSEF TOPOL: Fastnacht. Henschelverlag, Berlin/DDR 1966
LUDVIK KUNDERA: Der Abend aller Tage. Dilia, Prag 1967

## 4. Fremdsprachliche Ausgaben eigener Werke

**Venováni**
Gedichtauswahl in Tschechisch, Liberec 1964

*

**With The Volume Turned Down**
Gedichtauswahl in Englisch, London 1973

*

**Dikter över alla gränser**
Gedichtauswahl in Schwedisch (zweisprachig), Viken 1973

*

**Loven Leopold**
(dänische Ausgabe), Kopenhagen 1975 (Buchklubausgabe: Alla Borns Bogklub, 1975)

*

**San ta pragmata apo pelo**
Gedichtauswahl in Griechisch (zweisprachig), Thessaloniki 1975

*

**Der Löwe Leopold**
(japanische Ausgabe), Tokio 1975

*

**De leeuw Leopold**
(holländische Ausgabe) Amsterdam 1977

*

**De vidunderlige arene**
(Die wunderbaren Jahre, norwegische Ausgabe), Oslo 1977

*

**Geweldige jaren**
(D.w.J., holländische Ausgabe), Amsterdam 1977

*

**The Wonderful Years**
(D.w.J., amerikanische Ausgabe), New York 1977

*

**Nuo ihmeelliset vuodet**
(D.w.J., finnische Ausgabe) Helsinki 1977

*

**De underbara aren**
(D.w.J., schwedische Ausgabe) Stockholm 1977

*

**De vidunderlige ar**
(D.w.J., dänische Ausgabe) Kopenhagen 1977

*

**Gli anni meravigliosi**
(D.w.J., italienische Ausgabe) Mailand 1978

*

**Les années merveilleuses**
(D.w.J., französische Ausgabe) Paris 1978

*

**The Lovely Years**
(D.w.J., englische Ausgabe) London 1978

*

**Los anos maravillosos**
(D.w.J., argentinische Ausgabe) Buenos Aires 1979

*

**Loven Leopold**
(norwegische Ausgabe) Oslo 1979

*

**With The Volume Down Low**
(Zimmerlautstärke, amerikanische Ausgabe), USA 1981

*

**Sentieri Sensibili**
(Gedichtauswahl in Italienisch - zweisprachig), Torino 1982

*

**Subarashii Saigetsu**
(D.w.J., japanische Ausgabe) Tokio 1982

## 5. Einzelveröffentlichungen (Auswahl)

Veröffentlichungen in Anthologien, Büchern anderer Autoren, Zeitschriften, Almanachen und Kalendern.

1953 Neue Deutsche Literatur, Nr. 5, Berlin/DDR. - Erste Ernte. Eine Anthologie junger Autoren der Arbeitsgemeinschaft der Bezirke Dresden, Leipzig, Karl-Marx-Stadt. Verlag Neues Leben, Berlin/DDR.

1954 Podnimajas k nowoj shisni. Verlag für ausländische Literatur (russisch), Moskau

1955 Die Zukunft sitzt am Tische. Mitteldeutscher Verlag, Halle (Saale).

1959 Wir, unsere Zeit. Aufbau Verlag, Berlin/DDR. - Neue Deutsche Literatur, Nr. 3 und Nr. 5, Berlin/DDR.

1960 HEINZ KRAUSE-GRAUMNITZ: Halm und Himmel stehn im Schnee. Verlag Breitkopf & Härtel, Leipzig. - H. KRAUSE-GRAUMNITZ: Lieder für Mädchen, die lieben. Edition Peters, Leipzig. - Deutsche Lyrik auf der anderen Seite. Carl Hanser Verlag, München. - Ein Lied, ein gutes Wort. Verlag Neues Leben, Berlin/DDR. - Mir gegenüber. Mitteldeutscher Verlag, Halle (Saale). - Es war im Frühling 60. Mitteldeutscher Verlag, Halle (Saale).

1961 Mein Wort, ein weißer Vogel. Verlag Philipp Reclam jun., Leipzig. - Svetová literatura, Nr. 4, Prag. - Host do domu, Nr. 6, Brünn. - Mladá tvorba, Nr. 6/7, Bratislava. - Sinn und Form, Nr. 5/6, Berlin/DDR. - Sinn und Form, Nr. 3 (Nachdichtungen), Berlin/DDR.

1962 dokumenta poetica. Kindler Verlag, München. - Liebesgedichte. Verlag Volk und Welt, Berlin/DDR. - H. KRAUSE-GRAUMNITZ: Von der Freundlichkeit der Welt. Edition Peters, Leipzig. - Plamen, Nr. 8, Prag.

1963 Deutsche Liebesgedichte. Verlag Neues Leben, Berlin/DDR. - Reimereien. Eulenspiegel Verlag, Berlin/DDR. - Plamen, Nr. 6, Prag. - Für die sozialistische Feier, Nr. 1, VEB Friedrich Hofmeister, Leipzig. - Souvislosti a perspektivy prosy. Prag. - Plamen, Nr. 2, Prag.

1964 Sieben Rosen hat der Strauch. Mitteldeutscher Verlag, Halle (Saale). - Musenkuß und Pferdefuß. Verlag Neues Leben, Berlin/DDR. - Sinn und Form, Nr. 2/3 und Nr. 6, Berlin/DDR.

1965 Dopoki serce buje. Poznán. - ... und ich seh die Welt in meiner Hand erblühen. Verlag Volk und Wissen, Berlin/DDR. - Stimmt an. VEB Friedrich Hofmeister, Leipzig. - Zwischen Wäldern und Flüssen. Mitteldeutscher Verlag, Halle (Saale). - Le Journal des poètes, Nr. 4, Brüssel. - Nurt, Nr. 6, Poznán. - Plamen, Nr. 3/4, Prag. - Neue Deutsche Literatur, Nr. 7, Berlin/DDR. - Alternative, Nr. 42/43 (Nachdichtungen), Berlin(West). - Neue Deutsche Literatur, Nr. 8/9 (Nachdichtungen), Berlin/DDR.

1966 Mai német lira. Budapest. - Sedmoje Solnze, Moskau. - Unter Tage, über Tage. Büchergilde Gutenberg. - Unser der Tag, unser das Wort. Mitteldeutscher Verlag, Halle (Saale). - Antologie nanemckata poesia. Sofia. - Deutsche Teilung. Limes Verlag, Wiesbaden. - 79 Songs und Chansons. Verlag Neues Leben, Berlin/DDR. - Chansons aus dem anderen Deutschland. Damokles Verlag, Dortmund. - Ans Fenster kommt und seht ... Der Kinderbuchverlag, Berlin/DDR. - Für die sozialistische Feier, Nr. 3, VEB Friedrich Hofmeister, Leipzig. - Neue Literatur, Nr. 7/8, Bukarest. - action poétique, Nr. 30, Mai, Honfleur. - Plamen, Nr. 1 und Nr. 9, Prag. - Sinn und Form, Nr. 1 und Nr. 3 (Nachdichtungen), Berlin/DDR. - Die Diagonale, Nr. 2, Berlin (West). - Die Glasträne (Nachdichtungen), Verlag Volk und Welt, Berlin/DDR.

1967 Ich denke dein. Verlag der Nation, Berlin/DDR. - Nachrichten aus Deutschland. Rowohlt Verlag. - Putujem i gotorim. Sarajewo. - Das Windrad. Der Kinderbuchverlag, Berlin/DDR. - An alle. Verlag

Neues Leben, Berlin/DDR. - Svetová literatura, Nr. 2, Prag. - Plamen, Nr. 4 und Nr. 12, Prag. - Host do domu, Nr. 2, Brünn. - Islas, Nr. 4, Kuba. - Neue Texte. Aufbau Verlag, Berlin/DDR. - Kulturná kalendár mostecka. Most. - Sinn und Form, Nr. 4 (Nachdichtungen), Berlin/DDR. - Neue Literatur, Nr. 3 und 4 (Nachdichtungen), Bukarest. - MIROSLAV HOLUB: Die explodierende Metropole New York. Verlag Volk und Welt, Berlin/DDR.

1968 Über die großen Städte. Aufbau Verlag, Berlin/DDR. - a líra ma. Budapest. - Saison für Lyrik. Aufbau Verlag, Berlin/DDR. - En diktare är ingen sockersäck. Stockholm. - Pjarednija wyischli u sautra. Minsk. - Host do domu, Nr. 2, Brünn. - Nagy Vilag, Nr. 2, Budapest. - Merkur, Nr. 12, Stuttgart. - Modernes tschechisches Theater (Übersetzung), Luchterhand, Neuwied. - Bohdan Lacina (Nachdichtung). Brünn. - Poesiealbum 14 (Nachdichtung), Verlag Neues Leben, Berlin/DDR. - Neue Literatur, Nr. 10, Bukarest. - Akzente, Nr. 3, München. - Sinn und Form, Nr. 1, Berlin/DDR.

1969 Ty stará Sachto Ely, s bohem. CSSR. - Brücken des Lebens. Mitteldeutscher Verlag, Halle (Saale). - Guten Tag, liebe Sonne. Verlag Neue Musik, Berlin/DDR. - chantille, Nr. 1, VEB Friedrich Hofmeister, Leipzig. - Neue Rundschau, Nr. 2, Frankfurt a.M. - Neue Literatur, Nr. 7, Bukarest. - Merkur, Nr. 12, Stuttgart. - Ensemble, R. Oldenbourg Verlag, München. - Tintenfisch 2, Klaus Wagenbach Verlag, Berlin (West). - Die Blume Wiederkehr (Nachdichtungen). Carl Hanser Verlag, München. - Sinn und Form, Nr. 1 (Nachdichtungen). Berlin/-DDR. - Literatur und Kritik (Nachdichtungen), Juni, Wien.

1970 Interférences européennes. Paris. - Dein Leib ist mein Gedicht. Verlag Rütten & Loening, Bern/München/Wien. - Von den Nachgeborenen. Verlag Die Arche, Zürich. - Sonne, schieb die Wolken weg. Der Kinderbuchverlag, Berlin/DDR. - Tintenfisch 3, Klaus Wagenbach Verlag, Berlin (West). - Akzente, Nr. 5, München. - Almanach für Literatur und Theologie 4. Peter Hammer Verlag, Wuppertal.

1971 Kalandezások. Budapest. - Geh und spiel mit dem Riesen. Beltz Verlag, Weinheim/Basel. - Workshop, Nr. 12, London. - Les Lettres Nouvelles, September, Paris. - Merkur, Nr. 1, Stuttgart. - Akzente, Nr. 6, München. - Tintenfisch 4, Klaus Wagenbach

Verlag, Berlin (West). - Delos, Nr. 6, USA. - Leporello fällt aus der Rolle. S. Fischer Verlag, Frankfurt a.M. - JIRI WOLKER: Ich wache wie der helle Tag (Nachdichtung). Verlag Philipp Reclam jun., Leipzig. - Neue ungarische Lyrik (Nachdichtung). Otto Müller Verlag, Salzburg.

1972 Und alle Kreatur. Evangelische Verlagsanstalt, Berlin/DDR. - East German Poetry. Oxford. - Generationen. DVA, Stuttgart. - Deutsche Gedichte. Verlag Philipp Reclam jun., Stuttgart. - Geliebtes kleines Angesicht. Evangelische Verlagsanstalt, Berlin/DDR. - Kunstát na Morave. CSSR. - A szivárvány alatt. Budapest. - Ausblicke, Nr. 11, Thessaloniki. - Diagonios, Nr. 2/3, Athen. - London Magazine, Oktober/November, London. - Chelsea, Nr. 30/31, New York. - Merkur, Nr. 7, Stuttgart. - Litery, Nr. 6, Poznán. - Schaden spenden. Eremiten Presse, Düsseldorf. - Verteidigung der Zukunft. Piper Verlag, München. - Insita, Nr. 4, Bratislava. - Ensemble 3 (Nachdichtungen), R. Oldenbourg Verlag, München. - Merkur, Nr. 9 (Nachdichtungen), Stuttgart. - WILHELM GÖSSMANN: Geständnisse. Heine im Bewußtsein heutiger Autoren. Düsseldorf.

1973 Lyrik aus der DDR. Benziger Verlag, Zürich/Köln. - East German Poetry. New York. - Poesie GDR. Verlag Junge Garde, Moskau. - The Malshat Review, Nr. 27, Victoria/Kanada. - Contemporary Literature In Translation, Nr. 16, Mission/Kanada. - Butzbacher Autorenbefragung. Briefe zur Deutschstunde. München. - europäische ideen, H. 2, Berlin/West. - Europe, Juli/August, Paris. - London Magazine, April/Mai, London. - Nordisk kulturidskrift, Nr. 2, Lund/Schweden. - Lines Review, Nr. 4, März/Schottland. - Liesma, Nr. 5, Riga. - Deutsche Großstadtlyrik vom Naturalismus bis zur Gegenwart. Verlag Philipp Reclam jun., Stuttgart. - Am Montag fängt die Woche an. Beltz Verlag, Weinheim/Basel. - Die Horen, Nr. 90, Hannover. - Akzente, Nr. 1/2, München. - GYULA ILLYÉS: Mein Fisch und mein Netz (Nachdichtungen). Verlag Volk und Welt, Berlin/DDR. - Merkur, Nr. 7 (Nachdichtungen), Stuttgart.

1974 Das Einhorn sagt zum Zweihorn. G. Middelhauve Verlag, Köln. - Do powiedzenie świtu. Poznán. - Landschaft unserer Liebe. Mitteldeutscher Verlag, Halle (Saale). - Lyrik der DDR. Aufbau Verlag, Berlin/DDR. - Amsel, komm nach vorn. Rumänien.

- Deutschland-Archiv, Nr. 5, Köln. - Ensemble 5, Langen-Müller, München. - Kindergeschichten. Ein Inter-Nationes-Buchkalender. Verlag Heinrich Ellermann, München. - Nagy Vilag, Nr. 5, Budapest. - Akzente, Nr. 3, München. - Projekt Deutschunterricht 8: Politische Lyrik. Metzlersche Verlagsbuchhandlung, Stuttgart. - Auskunft. Bertelsmann Verlag, München. - Gruß und Kuß Dein Julius. Verlag Heinrich Ellermann, München. - Kreise ziehen. Buchverlag Der Morgen, Berlin/DDR. - Werkstattbuch. Beltz Verlag, Weinheim/Basel. - Ensemble 5. Verlag Langen-Müller, München. Literaturkalender 1975. Aufbau Verlag, Berlin/DDR. - Große Freude (Nachdichtung). Evangelische Verlagsanstalt, Berlin/DDR. - Poesiealbum 83 (Nachdichtungen). Verlag Neues Leben, Berlin/DDR. Akzente, Nr. 1 (Nachdichtungen), München.

1975 Chile. Gesang und Bericht. Halle (Saale). - Das letzte Mahl mit der Geliebten. Eulenspiegel Verlag, Berlin/DDR. - Az ünnep eszményképei. Budapest. - Politische Lieder und Gedichte 1918 bis 1970. Kopenhagen. - Jahresring, DVA, Stuttgart. - Auswahl literarischer Texte. Rumänien. - Neue Literatur, Nr. 4, Bukarest. - Akzente, Nr. 5, München. - Sprachhorizonte, Nr. 27, Crüwell-Konkordia, Dortmund. - Diagonios, Nr. 10, Athen. - London Magazine, August/September, London. - Don Juan überm Sund. Aufbau Verlag, Berlin/DDR und Weimar. - Arbeitshefte für den Unterricht: Fabeln. Verlag Philipp Reclam jun., Stuttgart. - Neue Literatur, Nr. 4, Bukarest. - Chricket, Juli, Colorado/USA. - Menschengeschichten (Übersetzung). Beltz Verlag, Weinheim/Basel. - Neue Rundschau, Nr. 3 (Nachdichtungen), Frankfurt a.M.

1976 Westermann Texte deutsch: Hauptschule, 8. Schuljahr. Georg Westermann Verlag, Braunschweig. - Times For Dreams, Seven Seas Books 7, Berlin/DDR. - Contemporary German Poetry. Cambridge. - The New Germans. New York. - Projektil, Nr. 8, Salzburg. - Prep á Sjóndeildarhring. Island. - Almanach Das Neunzigste Jahr 1886 - 1976. S. Fischer Verlag, Frankfurt a.M. - Orte, Nr. 12, Zürich. - Die Rettung des Saragossameeres. Buchverlag Der Morgen, Berlin/DDR. - Neues vom Rumpelstilzchen. Verlag Beltz & Gelberg, Weinheim/Basel. - Merkur, Nr. 12, Stuttgart. - MICHAEL HAMBURGER: Gedichte (Nachdichtungen). LCB-Editionen, Berlin

(West). - Ensemble 7 (Nachdichtungen), DTV, München.

1977 europäische ideen, Nr. 31/32, Berlin (West). - Das große deutsche Gedichtbuch. Athenäum Verlag, Kronberg/Ts. - Solaire, Nr. 18/19, Frankreich. - Länder und Menschen. Oslo. - Deutsch in der Sekundarstufe. Metzlersche Verlagsbuchhandlung, Stuttgart. - JOHANN HJALMARSSON: Dagbók borgaralegs skálds. Island. - Neuere deutsche Lyrik. Danmarks Radio, Dänemark. - Recent German Poetry, Aspect Publikations. Sydney. - Bibel und Literatur. Münster. - Hans Mayer zu Ehren. Suhrkamp Verlag, Frankfurt a.M. - Wer ist mein nächster? Herder Verlag, Freiburg/Basel/Wien. - Vor meinen Augen, hinter sieben Bergen. Aufbau Verlag, Berlin/DDR. - Deutsch im Funk. Sveriges Radio, Stockholm. - Kunst und Gesellschaft, 1/2, Köln. - Jahrbuch 1977 der Deutschen Akademie für Sprache und Dichtung. - Anregungen, BDJK, Düsseldorf. - Was die Menschheit bewegt. proSport GmbH, München. - Westermann: texte deutsch R9, Braunschweig. - Tintenfisch 11. Klaus Wagenbach Verlag, Berlin (West). - Epopteia, April, Griechenland. - Texte über den Sinn des Lebens. Matthias-Grünewald-Verlag, Mainz. - Index On Censorship, März/April, London. - Die Horen, Nr. 104, Hannover. - Humboldt, Nr. 36, München/Bern (portugiesisch). - London Magazine, Februar/März, London. - Documents, Nr. 1, Paris. - Jahresring (Nachdichtungen). DVA, Stuttgart.

1978 Schuldschein bis morgen. Delp'sche Verlagsbuchhandlung, München. - Worte für mich. Gütersloher Verlagshaus Gerd Mohn, Gütersloh. - Wort und Sinn. Schöningh, Paderborn. - Ansichten. Ferdinand Kamp, Bochum. - In diesem Lande leben wir. Carl Hanser Verlag, München. - aspect, Juli, Sydney. - Psalmen. Herder Verlag, Freiburg/Basel/Wien. - Das große deutsche Balladenbuch. Athenäum Verlag, Königstein/Ts. - Wechselrede. S. Fischer Verlag, Frankfurt a.M. - Länder und Menschen. Oslo. - Kursbuch für Mädchen. Verlag Huber Frauenfeld, Stuttgart. - Spektrum des Geistes. Lesen Verlag, Hardebek. - Moderne Erzähler. Schöningh Verlag, Paderborn. - Schritte ins Offene, Nr. 4, Zürich. - Impulse, Sommersemester, Universität Würzburg. - Anthologie der modernen Phantasie. Tokio. - Arbeitsreihen Deutsch, 5/6 Text und Wirklichkeit. Klett

Verlag, Stuttgart. - Allerhand Geschichten. Verlag Erziehung und Wissenschaft, Hamburg. - Erzähler des S. Fischer Verlags 1886 - 1978. Fischer Taschenbuch Verlag, Frankfurt a.M. - Heute und die dreißig Jahre davor. Ellermann Verlag, München. - Jahrbuch 1978 der Deutschen Akademie für Sprache und Dichtung. Darmstadt/Heidelberg. - Die schönsten Geschichten deutscher Erzähler aus den letzten hundert Jahren. Verlag Das Beste, Stuttgart/Zürich/Wien. - Horst Sauerbruch, Katalog. Karl und Faber, München. - Die Kopfkissengans. Verlag Huber, Frauenfeld/Schweiz. - Der zerstückte Traum (Nachdichtung), Agora-Verlag, Berlin/Darmstadt.

1979 Akzente, Nr. 1/2, München. - JIRI LEDERER: Tschechische Gespräche. Reinbek. - Briefmarkenwelt, Nr. 21, Braunschweig. - REINER STRUNCK: Menschen am Kreuzweg. Quell Verlag, Stuttgart. - Andreas-Gryphius-Preisträger 1976/77. Wegweiser Verlag, Düsseldorf. - Rufe. Gütersloher Verlagshaus Gerd Mohn, Gütersloh. - Menschen und Zeiten. Oslo. - New Orleans Review, Nr. 6/3, Loyola University, New Orleans. - Über alle Grenzen hin...Gränslöst. Eremit-Press, Viken. - Der Tod ist ein Meister aus Deutschland. Kindler Verlag, München. - Ich sah aus Deutschlands Asche keinen Phönix steigen. Kindler Verlag, München. - Werkbuch Lyrik. Westermann Verlag, Braunschweig. - Deutsch in der Sekundarstufe: Lyrik nach 1950. Metzlersche Verlagsbuchhandlung, Stuttgart. - Neue deutsche Kurzprosa. Diesterweg, Frankfurt a.M. - Ausblicke, Nr. 36, Thessaloniki. - Ich und du und die ganze Welt. Middelhauve Verlag, Köln. - Jugend. Sozialismus. Deutsche Frage. Schöningh Verlag, Paderborn. - Merkur, Nr. 3 (Nachdichtungen), Stuttgart.

1980 Grundkurs Deutsch: 4. Bayerischer Schulbuchverlag, München. - Jahresring 80/81. DVA, Stuttgart. - Gesandt zu predigen. E. Koltz Verlag, Göttingen. - Tomes, Nr. 4, Athen. - Moderne deutsche Naturlyrik. Verlag Philipp Reclam jun., Stuttgart. - Neue Rundschau, Nr. 1, Frankfurt a.M. - Gegenwart und Mittelalter. Hirschgraben Verlag, Frankfurt a.M. - Text + Dialog. A. Bagel Verlag, Düsseldorf. - WALTER KEMPOWSKI: Mein Lesebuch. Fischer Taschenbuch Verlag, Frankfurt a.M. - Dreizehn Lieblingsbilder 1981. Kniefel Verlag, Wuppertal. - Caracteres, Nr. 20/21, Paris. - Leserunde. Herder

Verlag, Freiburg. - westermann texte deutsch: Realschule, 10. Schuljahr. Westermann Verlag, Braunschweig. - westermann texte deutsch: Hauptschule, 10. Schuljahr. Westermann Verlag, Braunschweig. - JÜRGEN BAUMANN (Hrsg.): praxis sprache, 8. Schuljahr, Hauptschule. Bayerischer Schulbuchverlag, München. - sprachhorizonte, Nr. 35. Schroedel Verlag, Hannover. - schwarz auf weiß: Ausgabe für Gymnasien, Texte 10. Schroedel Verlag, Hannover. - schwarz auf weiß: Ausgabe für Gymnasien, Texte 8. Schroedel Verlag, Hannover. - Arbeitsbuch Deutsch. 9./10. Schuljahr. Schroedel Verlag, Hannover. - Unser Liederbuch für die Grundschule (Gesamtausgabe). Ernst Klett Verlag, Stuttgart. - Unser Liederbuch für die Grundschule (Grundausgabe). Ernst Klett Verlag, Stuttgart. - Politische Lyrik (Arbeitsbuch). Diesterweg, Frankfurt a.M. - Die Erzählung. Mainz Verlag, München. - Eltern und Kinder. Bruckmann, München. - DIETER LEISEGANG: Lauter letzte Worte. Suhrkamp, Frankfurt a.M. - Bürgerschule Zeppelin (Oberschule A.-v.-Humboldt-Gymnasium Konstanz) 1830 - 1980. Verlag Fr. Stadler, Konstanz. - Verteidigung der Zukunft 1960 - 1980. DTV, München. - Bilder der Hoffnung. Kösel Verlag, München. - Erzählte Zeit. Verlag Philipp Reclam jun., Stuttgart. - Siebenschläferträume. Gütersloher Verlagshaus Gerd Mohn, Gütersloh. - westermann texte deutsch: Gymnasium, 10. Schuljahr. Westermann Verlag, Braunschweig. - Westermann Sprachbuch deutsch: Hauptschule/Realschule, 10. Schuljahr. Westermann Verlag, Braunschweig. - Grundkurs Deutsch 4: Lyrik, Probleme der Gegenwartssprache. Bayerischer Schulbuchverlag, München. - Studientexte für die Kollegstufe, Mündliche Kommunikation. Oldenbourg Verlag, München. - Sozialwissenschaftliche Materialien: Grundwerte im freiheitlichen Verfassungsstaat. Ernst Klett Verlag, Stuttgart. - Konzepte 6: Jesus Christus. Diesterweg, Frankfurt a.M. - DAM, Poetry International Documents (Nachdichtung), Rotterdam. - ensemble 11 (Nachdichtungen). DTV, München. - Neue Rundschau 2/3 (Nachdichtungen), Frankfurt a.M. - Frankfurter Anthologie 5. Insel Verlag, Frankfurt a.M. - Wort und Sinn 2. Schöningh Verlag, Paderborn. - FELIPE BOSO: Veintiun poetas Alemanes. Madrid. - Deutsche Lyrik vom Barock bis zur Gegenwart. DTV, München. - ULRICH HOM-

MES: Es liegt an uns. Herder Verlag, Freiburg. - Deutsche Lyrik vom Barock bis zur Gegenwart. C.H. Beck Verlag, München. - Moderne deutsche Liebesgedichte. Diogenes Verlag, Zürich. - Sagen und Handeln. K.G. Waldinger Verlag, Düsseldorf. - Footprints Magazine 5 (Herbstausgabe). USA. - Moderne Literatur verstehen. Verlag Lambert Leusing, Dortmund. - GERDA GOLLWITZER: Bäume. Schuler Verlagsgesellschaft, Herrsching. - Moderne Erzähler 12. Schöningh Verlag, Paderborn. - Generationen (Themenhefte Deutsch). Kallmeyer Verlag, Wolfenbüttel. - Trettensamtaler. Oslo.

1981 Gartenpraxis 2. Eugen Ulmer Verlagsgesellschaft, Stuttgart. - Deutsch 6. Bayerischer Schulbuchverlag, München. - Damit unser Leben gelingen kann. Matthias-Grünewald-Verlag, Mainz. - Handgeschrieben. Verlag Bruderer/Friedauer, Altstätten/Schweiz. - Das Mauerbuch. Oberbaum Verlag, Berlin (West). - Praxis Deutsch: Arbeitsbuch Lyrik. Friedrich Verlag, Seelze. - TAKIS ANTONIOU: Sechs deutsche Lyriker und einer. Athen. - Rufe 2. Verlagshaus Mohn, Gütersloh. - Lebenspuzzle. Verlag Herder, Freiburg. - IVER TORE SVENNING: Circus. Norwegen. - NURT, Nr. 10, Danzig. - Lieb, Leid und Zeit und Ewigkeit. A. Knaus Verlag, Hamburg. - Brigitte, Kalender, Gruner & Jahr, Hamburg. - London Magazine, Dezember/Januar, London. - Neue Rundschau, Nr. 2, Frankfurt a.M. - Brücke (Sonderausgabe). Rudolf-Steiner-Schule, München. - Le tailleur d'Ulm. Paris. - Stimmen der Gegenwart. Handwerk und Technik, Hamburg. - Geschichten der Hoffnung. Matthias-Grünewald-Verlag, Mainz. - Merkur, 12 (Nachdichtungen), Stuttgart.

1982 Freude am Wege. Verlag für kirchliche Kunstdrukke, Bremen. - Texte zur Theorie der Fabeln, Parabeln und Gleichnissen. DTV, München. - 30 Jahre Festspiele Europäische Wochen Passau. Passau. - New York. Claassen Verlag, Düsseldorf. - Eine neue Sprache finden. Kösel Verlag, München. - ROLAND JUNG: Dualitäten. Galerie Littmann, Basel. - Vorkurs Deutsch: Arbeitstechniken, Literaturepochen. Bayerischer Schulbuchverlag, München. - Gefunden. London. - Nur die Liebe. Schneekluth Verlag, München. - Schwerter zu Pflugscharen. Rowohlt Verlag, Reinbek. - Weihnachtszeit schön verschneit. Residenz Verlag, Salzburg/Wien. - Philharmonische Programme 1980/81. Berlin. - Ballon,

Nr. 0 (Nachdichtung), Borgia Girsch, Berlin (West). - Alinea (Nachdichtung). Freiburg. - Im Anfang war das Wort. Hoesch Werke AG, Dortmund. - HANS-RUDOLF WIEDEMANN: Deutsche Gedichte in Handschriften. Nobel Verlag, Essen. - Der bayerische Filmpreis. Günter Olzog Verlag, München. - Ein Autor schafft Wirklichkeit. Kiepenheuer & Witsch, Köln. - Fünf Jahre Literaturarchiv Sulzbach-Rosenberg 1977 - 1982. Sulzbach Rosenberg.

## 6. Schallplattenaufnahmen

**Chöre**
ETERNA 8 20 302, Berlin/DDR 1962

*

**Heinz Krause-Graumnitz**
**Halm und Himmel stehn im Schnee**
ETERNA 8 20 992, Berlin/DDR 1969

*

**Der Löwe Leopold**
S. Fischer Verlag, Frankfurt a.M. 1973

*

**Der Löwe Leopold und andere Geschichten, gelesen vom Autor**
Deutsche Grammophon Gesellschaft, LP 2546 023 (MC 3346 023), Hamburg 1978

*

**In diesem Land leben wir**
Deutsche Grammophon Gesellschaft, LP 2570 203, Hamburg 1978

## 7. Vor- und Nachworte

PETER NELL
**Die Sonne den anderen**
Volksverlag, Weimar 1959

*

**Mein Wort ein weißer Vogel**
Verlag Philipp Reclam jun., Leipzig 1961

*

PETER NELL
**Das Brot auf dieser Erden**
Volksverlag, Weimar 1962

*

HEINZ KNOBLOCH
**Herztöne und Zimmermannssplitter**
Mitteldeutscher Verlag, Halle (Saale) 1962

*

HEINZ KNOBLOCH
**Die guten Sitten**
Mitteldeutscher Verlag, Halle (Saale) 1964

## B) SEKUNDÄRLITERATUR (Auswahl)

### 1. Gesamtdarstellungen

ANANIA-HESS, HELGA: L'opera poetica di Reiner Kunze. Urbino 1974 (Dissertation. Manuskript)
FELDKAMP, HEINER: Reiner Kunze - Dichter im geteilten Deutschland. Aspekte einer Analyse seines dichterischen Werkes. München 1979 (Staatsexamensarbeit. Manuskript)
MYTZE, ANDREAS W.: Über Reiner Kunze. Sonderheft "europäische ideen", Berlin 1976
STRICKNER, HERBERT: Aspekte des Menschenbildes in der Lyrik Reiner Kunzes. München 1981 (Staatsexamensarbeit. Manuskript)
WALLMANN, JÜRGEN P. (Hrsg.): Reiner Kunze. Materialien und Dokumente. S. Fischer Verlag, Frankfurt a.M. 1977

### 2. Einzeluntersuchungen, Rezensionen

ANONYM: Wir sind wieder wer. Tadel an Reiner Kunze und Christa Wolf in Ost-Berlin. FAZ, 30.5.69, Frankfurt a.M. 1969
AHLGREN, BENGT: Reiner Kunze und 'Die wunderbaren Jahre'. In: Dikt og idé (Festschrift für Ole Koppang). Osloer Beiträge zur Germanistik, Bd. 4. Oslo 1981, S. 311ff
AYREN, ARMIN: Autor Kunze angetreten - Kopf bei Fuß. Stuttgarter Zeitung, 10.10.81
BECKER, ROLF: Wir fühlen uns hier von Liebe umgeben. In: Der Spiegel, 6.12.76
BEHA, ERDMUTE: Der Mensch kann auf dem Mond erwachen, aber... Anmerkungen zu Kunze/Sauerbruchs 'Kätzchen'. In: Lektüre, H. 13, 1979
BENTZEN, TORE: s.a. Ahlgren, Bengt
BIELER, MANFRED: Junge Lyrik - hüben und drüben. In: Neue Deutsche Literatur, 4. Jahrg., H. 11, 1956
BIERMANN, WOLF: Über Reiner Kunze. In: FAZ, 3.12.76
BIERMANN, WOLF: Rechtslinkslinksrechts oder 'Die wunderbaren Jahre' meines Freundes Reiner Kunze im Westen. In: Die Zeit, 29.2.80
BILKE, JÖRG BERNHARD: Fünf Jahre Schweigen. In: Rheinischer Merkur, 23.11.73

BILKE, JÖRG BERNHARD: Mit Zaubersprüchen in den langen Abschied. In: Die Welt, 4.8.77
BÖLL, HEINRICH: Laudatio auf Reiner Kunze (Verleihung des Georg-Büchner-Preises 1977). In: Moderna Sprak, 71, 1977, S. 337 ff; aufgenommen in: Jahrbuch 1977 der Deutschen Akademie für Sprache und Dichtung. Darmstadt 1978, S. 71 ff; aufgenommen in: Heinrich Böll, Werke. Bd. 9, Köln 1978, S. 477 ff
BÖLL, HEINRICH: Reiner Kunzes Prosa - Die Faust, die weinen kann. In: Die Zeit, 17.9.76; aufgenommen in: H. Böll, Spuren der Zeitgenossenschaft - Literarische Schriften. München 1980, S. 252 ff
BOHM, GUNHILD: Hunger nach der Welt (zu: Sensible Wege). In: Deutschland-Archiv, H. 7, 1969
BORTFELDT, HERMANN: Jagd auf den Geist. In: Der Wegweiser, 4-5, 29. Jahrg., 1977
BRANDT, SABINE: Des Regenbogens angeklagt (zu: Widmungen). In: FAZ, 4.7.64
BRETTSCHNEIDER, WERNER: Der Kampf um die Autonomie des lyrischen Ich - Reiner Kunze und die Gefährten. In: W. Brettschneider, Zwischen literarischer Autonomie und Staatsdienst. Berlin 1974 (2. Aufl.), S. 238 ff
BRETTSCHNEIDER, WERNER: Zorn und Trauer. Aspekte deutscher Gegenwartsliteratur. Berlin (West) 1979
BROER, WOLFGANG: Leben im anderen Deutschland. In: Kurier, 26.4.77, Wien
BROER, WOLFGANG: Reiner Kunze - Im Westen nichts Neues? In: Literatur und Kritik, 13, 1978, S. 110 ff
BROUSEK, ANTONIN: Pointierte Wirklichkeit der DDR. In: Neue Rundschau, H. 4, 87. Jahrg., 1976, S. 674 ff
BLUMER, ARNOLD: 'Sie legten den Wörtern Handschellen an': Gedanken zu Reiner Kunzes Prosaband 'Die wunderbaren Jahre'. In: Acta Germanica, 12/1980, S. 209 ff
CORINO, KARL: Warnung vor geistigem Provinzialismus. In: Deutschland-Archiv, Nr. 4, 7. Jahrg., 1974
CORINO, KARL: Die Zeit der stummen Begräbnisse. In: Deutsche Zeitung/Christ und Welt, 10.9.76
CORINO, KARL: Sensible und brutale Wege. In: Stuttgarter Zeitung, 6.11.76
CORINO, KARL: Wahrhaftigkeit - und sollte sie die Hölle sein. In: Deutsche Zeitung, 12.11.76
CORINO, KARL: Gegen die innere Mauer. In: Deutsche Zeitung, 22.4.77
CORINO, KARL: Interviews mit Reiner Kunze. In: Deutschland-Archiv, Nr. 6, 10. Jahrg., 1977
CORINO, KARL: Reiner Kunze, der Moralist. In: K. Corino (Hrsg.), Reiner Kunze 'Die wunderbaren Jahre' -

Buchillustrationen: (1) "Der Löwe Leopold" (Japan) - (2) Gedichtauswahl (Griechenland) - (3) "Der Dichter und die Löwenzahnwiese" (Neuausgabe: Windecker Winkelpresse)

Lyrik Prosa Dokumente. Frankfurt a.M. u.a. 1978 (Vorwort)
COSENTINO, CHRISTINE: Bekehrter Held und Einzelgänger: zu Fragen der DDR-Jugendproblematik bei Armin Stolper, Ulrich Plenzdorf und Reiner Kunze. In: Journal Of English And Germanic Philology, University of Illinois, 77/1978, S. 495 ff
DEMETZ, PETER: Graue Ideen, buntes Leben. In: FAZ, 22.8.81
DITTMAR, PETER: ... und dabei geht es um den Kopf. In: Die Welt, 31.1.80
DONNER, WOLF: Erstürmt die Höhen der Kultur! In: Der Spiegel, Nr. 7, 11.2.80
DURZAK, MANFRED: Das andere Deutschland - Leben in der DDR. In: M. Durzak, Die deutsche Kurzgeschichte der Gegenwart - Autorenporträts, Werkstattgespräche, Interpretationen. Stuttgart 1980, S. 425 ff
EIGENWALD, ROLF: Talent und Gesinnung. Anmerkungen zur Poetik des politischen Gedichts. In: Bodo Lecke/ Bremer Kollektiv, Projekt Deutschunterricht 8, Stuttgart 1974, S. 127 ff
EMMERICH, WOLFGANG: Kleine Literaturgeschichte der DDR. Darmstadt/Neuwied 1981
FELDKAMP, HEINER: Freiheitsgrade innen und außen. In: Praxis Deutsch, Nr. 49, 1981, S. 8 ff
FELDKAMP, HEINER: Poesie der Hoffnung. Religiöse Aspekte in der Lyrik Reiner Kunzes. In: Publik-Forum, 1.8.81
FELDKAMP, HEINER: Eine Muse, die nicht betteln geht. In: Stuttgarter Zeitung, 13.11.82
FELDMANN, SEBASTIAN: Szenen aus dem Alltag der Lüge. In: Rheinische Post, 12.2.80
FERLAN, FRACOISE: 'Auf eigene Hoffnung' - Reiner Kunze entre le doute et l'espoir. In: Allemagne d'aujourd'hui, Nr. 79/1982, S. 98 ff
FISCHER, MICHAEL: Mozart und Marcuse (zum Film: Die wunderbaren Jahre). In: Deutsches Allgemeines Sonntagsblatt, 17.2.80
FRANKE, KONRAD: Aufgewachsen in der DDR - Reiner Kunze. In: K. Franke, Kindlers Literaturgeschichte der Gegenwart. Die Literatur in der DDR. Taschenbuchausgabe, Bd. 3, Frankfurt a.M. 1980, S. 293 ff
FUSSENEGGER, GERTURD: Reiner Kunze - 'Hallstadt mit schwarzem Stift'. In: FAZ, 24.7.82
GANSEL, MIREILLE: Le lion leopold - presque des contes - presque des histoires. In: Allemagne d'aujourd'hui, Nr. 25/1970, S. 70 ff

GANSEL, MIREILLE: Reiner Kunze - Sensible Wege. In: Allemagne d'aujourd'hui, Nr. 23/1970, S. 61 ff
GERHARD, PETER W.: Ausgesperrt - eingesperrt. In: Der Tagesspiegel, 11.5.69
GERHARD, PETER W.: Bleibe auf deinem Posten. In: Deutsche Zeitung/Christ und Welt, 29.9.72
GERISCH, MARGOT: Aber die Nachtigall jubelt. In: Sonntag, Nr. 38, Berlin/DDR 1962
GEY, THOMAS: Erfahrungen mit Reiner Kunze in der Gymnasialen Oberstufe. In: Mitteilung des Deutschen Germanistenverbandes, 27. Jahrg., H. 2, 1979, S. 21ff
GRÜTZMACHER, CURT: Was bedeutet kritische Lyrik in der DDR? Eine Motivanalyse zum Werk von Reiner Kunze. In: Deutschunterricht 28, 1976, S. 14 ff
GRUSA, JIRI: Okamziky Reinera Kunzeho. In: Palmen, Monatsschrift für Literatur, Nr. 11, Prag 1964
GÜNTHER, JOACHIM: Wolf Biermann und Reiner Kunze. In: Neue Deutsche Hefte, 24/1977, S. 433 ff
HAGE, VOLKER: Reiner Kunzes Ausschluß. In: FAZ, 5. 11. 76
HAGE, VOLKER: Gitarrespielen auf dem Alex. In: FAZ, 2.9.76
HAGE, VOLKER: Reiner Kunze - Tagebuchblatt 74. In: Frankfurter Anthologie 4, Frankfurt a.M. 1979, S. 233 ff
HAMBURGER, MICHAEL: Brecht und seine Nachfolger. In: M. Hamburger, Literarische Erfahrungen. Darmstadt/Neuwied 1981
HAVEMANN, ROBERT: Zum Fall Reiner Kunze. In: Deutschland-Archiv, Nr. 12, 9. Jahrg., 1976
HEISE, HANS-JÜRGEN: Des Regenbogens angeklagt. In: Die Tat, 24.4.69
HEISE, HANS-JÜRGEN: Er vergißt meine Träume. In: Rheinischer Merkur, 29.9.72
HEISE, HANS-JÜRGEN: Verlust der poetischen Unschuld. In: Die Zeit, Nr. 39, 18.9.81, S. 53
HEISE, WALTER: Nachschriften (Zu einem Gedicht Reiner Kunzes). In: Zeitschrift für Musikpädagogik, Nr. 8/1979, Regensburg 1979, S. 48 ff
HÖLZLE, PETER: Über die Grenze hinweg. Gespräch mit dem Schriftsteller Reiner Kunze. In: Evangelische Kommentare, 16. Jahrg., Nr. 1, Stuttgart 1983
HOLTHUSEN, HANS EGON: Vox humana im Kammerton (zu: Zimmerlautstärke). In: Die Welt, 9.11.72
IGNÉE, WOLFGANG: Reiner Kunze. In: Stuttgarter Zeitung, 15.9.76
JÄGER, MANFRED: Kann die Literatur die Gesellschaft verändern? Grenzakademie Sankelmark 1970

JÄGER, MANFRED: Für ein Publikum, das zwischen den Zeilen liest. In: Deutsches Allgemeines Sonntagsblatt, 2.9.73
JÄGER, MANFRED: Eine offensive Verteidigung der Poesie - Reiner Kunze. In: M. Jäger, Sozialliteraten - Funktion und Selbstverständnis der Schriftsteller in der DDR. Düsseldorf 1973, S. 102 ff
JÄGER, MANFRED: Obererzieher und ihre Opfer - Konflikt der DDR-Generation (zu: Die wunderbaren Jahre). In: Deutsches Allgemeines Sonntagsblatt, 19.9.76
JÄGER, MANFRED: Ein Verteidiger der Poesie. In: Deutsches Allgemeines Sonntagsblatt, 10.7.77
JÄGER, MANFRED: Schreiben unter veränderten Bedingungen. In: Deutsches Allgemeines Sonntagsblatt, 18.10.81
JÄGER, MANFRED: Reiner Kunze. In: H.L. Arnold (Hrsg.), Kritisches Lexikon zur deutschen Gegenwartsliteratur. München 1978 ff
JANDL, ERNST: Laudatio für Reiner Kunze. In: Deutschland-Archiv, Nr. 3, 10. Jahrg., März 1977
JANOWSKI, HANS-NORBERT: s. unter Hölzle, Peter
JEREMIAS, BRIGITTE: Die wunderbaren Jahre in einer Bilderbuch-DDR. In: FAZ, 13.2.80
KAISER, JOACHIM: Neuer Herr Keuner begegnet alten Übeln. In: Süddeutsche Zeitung, 9./10.10.76
KAISER, JOACHIM: Ahnungen und Treffer. In: Süddeutsche Zeitung, 5./6.9.81
KARSUNKE, YAAK: Innerlichkeit und Öffentlichkeit. In: Konkret, Nr. 14, 30.9.69
KIENECKER, FRIEDRICH: Es sind noch Lieder zu singen ... Beispiele moderner christlicher Lyrik. Essen 1978, S. 122 ff
KLATT, HEINZ GÜNTHER: Wenn die Zeit uns verläßt - Erfahrungen, Betrachtungen, Stimmen der Dichter. Göttingen 1980
KLAUSENITZER, HANS-PETER: Rückblick auf 'Die wunderbaren Jahre'. In: Deutschland-Archiv, H.8, 13. Jahrg., 1980
KLAUSENITZER, HANS-PETER: Greiz - grüne Zuflucht. In: Gesamtdeutsches Institut, Bundesanstalt für gesamtdeutsche Aufgaben (Hrsg.), Stätten deutscher Literatur, Bonn 1982
KLUNKER, HEINZ: Nichts währt ewig. In: Die Weltwoche, 12.9.73 (Schweiz)
KLUNKER, HEINZ: Verletzungen und Verstörungen - Reiner Kunzes Nachrichten vom gewöhnlichen Sozialismus (zu: Die wunderbaren Jahre). In: Die Weltwoche, 13.10.76

KLUNKER, HEINZ: Biermann, Kunze und die Folgen. In: Schweizer Monatshefte für Politik, Wirtschaft, Kultur, 56, 1976/77, Zürich 1977, S. 859 ff
KNORR, WOLFRAM: Da röhrt der Bildungshirsch. In: Die Weltwoche, 30.4.80 (Schweiz)
KNÖRRICH, OTTO: Reiner Kunze. In: O. Knörrich, Die deutsche Literatur seit 1945. Stuttgart 1978 (2. Auflage), S. 351 ff
KOEPKE, WULF: Reiner Kunze. In: K. Weissenberger (Hrsg.), Die deutsche Lyrik 1945 - 1975. Düsseldorf 1981
KOPPLIN, WOLFGANG: Märchen vom Dis. In: W. Kopplin, Kontrapunkte. Hollfeld 1976, S. 93 ff
KRÄMER-BADONI, RUDOLF: Wer es schwer hatte, hat es leichter. In: Die Welt, 24.10.77
KROLOW, KARL: Gedichte der Sorge und des Auftrags. In: General-Anzeiger, 2.10.81
KURZ, PAUL KONRAD: Verse ohne Wunde. In: Die Presse, 17./18. 10.81 (Wien)
LINDER, CHRISTIAN: Damit das Wort "Machtwort" nicht wieder Macht wird. In: Frankfurter Rundschau, 22.12.73
LINN, MARIE LUISE: Reiner Kunzes 'Die wunderbaren Jahre' - Analyse der literarischen Form. In: Deutschunterricht, 30, 1978, 6, S. 70 ff
MAIER, HANS: Drei Interpretationen. In: Günter Schnitzler (Hrsg. in Verb. mit G. Neumann und J. Schröder), Bild und Gedanke, Festschrift für Gerhart Baumann zum 60. Geburtstag. München 1980, S. 288 ff
MAIER, HANS: Fahrschüler für Lastkraftwagen. In: Frankfurter Anthologie 5. Frankfurt a.M. 1980, S. 247 ff
MAYER, HANS: Aus dem Alltag der Lüge. In: FAZ, 16.10.76
MAYER, HANS: Erster Brief der Tamara A.: In: Frankfurter Anthologie 3, Frankfurt a.M. 1978, S. 241 ff
MENGE, MARLIES: Pfarrer für Heiden. In: Die Zeit, 19.11.76
MINATI, WOLFGANG: Immer dreht sich der Wind. In: Die Welt, 1.4.82
MÜLLER, WOLFGANG JOHANNES: Es gibt wieder einen Dichter. In: Bayern-Kurier, 24.3.73
NÄGELE, RAINER: DDR. In: W. Hinderer (Hrsg.), Geschichte der politischen Lyrik in Deutschland. Stuttgart 1978, S. 338 ff
NOLTE, JOST: Grenzgänge. Berichte über Literatur. Wien 1972
NOLTE, JOST: Die innere Entfernung. In: Die Zeit, 23.2.73
PIONTEK, HEINZ: Die sensiblen Wege des Lyrikers Reiner Kunze. In: Merkur, 23, Stuttgart 1969, S. 1172ff

PIONTEK, HEINZ: Hunger nach der Welt. In: H. Piontek, Männer, die Gedichte machen. Hamburg 1970, S. 203ff
PRIHODA, LUBOS: Reiner Kunze - Person und Werk. In: R. Kunze, Widmungen. Bad Godesberg 1963, S. 53 ff (Nachwort)
PODEWILS, CLEMENS: Ansprüche an Reiner Kunze. In: Süddeutsche Zeitung, 14./15.12.74
RADDATZ, FRITZ J.: Eine neue Subjektivität formt die neue Realität. Sarah Kirsch, Rainer Kirsch, Günter Kunert, Volker Braun, Reiner Kunze, Wolf Biermann, Johannes Bobrowski, Paul Wiens, Karl Mickel. In: F.J. Raddatz, Traditionen und Tendenzen. Frankfurt a.M. 1972, S. 167 ff
REHSCHE, MICHAEL: Halbe Realitäten. In: Die Weltwoche, 30.4.80 (Schweiz)
REICH-RANICKI, MARCEL: Berufsverbot für Reiner Kunze. In: FAZ, 10.11.76
REININGHAUS, FRIEDER: Es war ein Schritt dafür, mir weiter ins Gesicht blicken zu können. In: Die Tageszeitung, Berlin 14.9.82
REININGHAUS, FRIEDER: Schriftsteller, nicht Politiker. In: Süddeutsche Zeitung, 3.9.82
REINISCH, LEONHARD: Wer hilft Reiner Kunze? In: Merkur, 5, 31. Jahrg., 1977, S. 506 ff
REXIN, MANFRED: Als Bürger verachtet und vertrieben. In: Deutsches Allgemeines Sonntagsblatt, 24.4.77
RICHTER, BERNT: Peinliche Kalendergeschichten. In: Frankfurter Hefte, 8, 37. Jahrg.
RIEDEL, CLEMENS: Offenbarung wider Willen - Reiner Kunze und der wundersame Wolf Biermann. In: Süddeutsche Zeitung, 7.3.80
ROE.: Kulturfunktionäre contra Kunze. In: Süddeutsche Zeitung, 27.10.73
ROSELLINI, JAY: Subjektivität contra Politik? Anmerkungen zur Lyrik der DDR. In: M. Durzak, Deutsche Gegenwartsliteratur, Ausgangspositionen und aktuelle Entwicklungen. Stuttgart 1981, S. 517 ff
ROSS, WERNER: Lyrik geht zu Fuß. In: Frankfurter Anthologie, Frankfurt a.M. 1976, S. 256 ff
ROTHSCHILD, THOMAS: Vier Formen der oppositionellen Literatur in der DDR - Biermann, Kunze, Brasch, Fuchs. In: Frankfurter Hefte, 1, 33. Jahrg., 1978, S. 55 ff
RUDOLPH, EKKEHART: Auge in Auge mit dem Nichts leben. In: Deutsche Zeitung/Christ und Welt, 8.11.74
RUDOLPH, EKKEHART: Reiner Kunze im Gespräch. In: E. Rudolph, Aussage zur Person - 12 deutsche Schriftsteller im Gespräch mit Ekkehart Rudolph. Tübingen/Basel 1977, S. 126 ff

RÜHMKORF, PETER: Reiner Kunze 'Partituren - Gedichte aus fünfzehn Jahren' - Verlagsgutachten. In: P. Rühmkorf, Ströhmungslehre 1. Reinbek 1978, S. 78 f
SALLMANN, MICHAEL: An diesem Film stimmt alles und nichts. In: Deutschland-Archiv, 13. Jahrg., H. 8, 1980
SANDER, HANS-DIETRICH: Märchen eines verlorenen Sohnes (zu: Der Löwe Leopold). In: Deutschland-Archiv, H. 9, 1971
SANDER, HANS-DIETRICH: Im Verlies der Abbreviatur (zu: Zimmerlautstärke). In: Deutschland-Archiv, H. 11, 1972
SAUER, KLAUS: Gespräch mit Reiner Kunze. In: europäische ideen, 37, Berlin 1977
SAUER, KLAUS: Ich bin kein Emigrant. In: Die Zeit, 21.10.77
SAUVAL, ALAIN: Reiner Kunze - 'Die wunderbaren Jahre'. In: Allemagne d'aujourd'hui, Nr. 57/1977, S. 96 ff
SCHÄFER, HANS DIETER: 'Zimmerlautstärke' (Rez.). In: Neue Rundschau, 83. Jahrg., 1972, S. 746 ff
SCHEFFEL, HELMUT: Mißbrauchbar wie die Macht. In: FAZ, 11.11.72
SCHLOZ, GÜNTHER: Die Kürmänner von Darmstadt. In: Deutsche Zeitung, 28.10.77
SCHMIDT, ECKHART: Die Angst des Dichters hinter der Kamera. In: Rheinischer Merkur/Christ und Welt, 4.1.80
SCHRÖDER, THOMAS: Ohne dieses Buch könnte ich nicht weiterleben. In: Welt am Sonntag, 5.9.76
SCHÜTTE, WOLFRAM: Widerspruch und Eingedenken. In: Frankfurter Rundschau, 23.10.76
SCHÜTTE, WOLFRAM: Über den Umgang mit einem 'Staatsfeind'. In: Frankfurter Rundschau, 6.11.76
SCHULZ, MAX WALTER: Das Neue und das Bleibende in unserer Literatur - Rede auf dem VI. Deutschen Schriftstellerkongreß. In: Neue Deutsche Literatur, 17. Jahrg., H. 9, Berlin/DDR 1969
SCHWACHHOFER, R.: Begegnung und Ferne. In: Sonntag, Nr. 51, Berlin/DDR 1955
SCHWINGER, WOLFRAM: Vom Angeln in verbotenen Gewässern. In: Stuttgarter Zeitung, 13.3.74
SEIDLER, MANFRED: Moderne Lyrik im Deutschunterricht. Hirschgraben, Frankfurt a.M. 1971
SERKE, JÜRGEN: Reiner Kunze - Die Stimme aus der Stille. In: J. Serke, Die verbannten Dichter - Berichte und Bilder von einer neuen Vertreibung. Hamburg 1982, S. 8 ff
SIEBENKÄS, FIRMIAN: Wertsache Buch - 'Die wunderbaren Jahre' des Reiner Kunze. In: Merkur, 12, 1976, S. 1185 ff

SPINNER, CASPAR H.: Beobachtungen altersspezifischer Leseweisen. In: Deutschunterricht, 1, Stuttgart 1979
STEPHAN, KLAUS: Wir haben diesen Anfang noch einmal gewagt, um nicht resignieren zu müssen - Interview mit Reiner Kunze. In: Süddeutsche Zeitung, 20.4.77
SULZER, DIETER (u.a. Hrsg.): Der Georg-Büchner-Preis 1951 bis 1978. Katalog der Ausstellung des Deutschen Literatur-Archivs Marbach und der Deutschen Akademie für Sprache und Dichtung. Stuttgart 1978, S. 322ff
TUNNER, ERIKA: Reiner Kunze - l'itineraire d'un poète. In: Allemagne d'aujourd'hui, Nr. 9/1982, S. 93 ff
WALLMANN, JÜRGEN P.: Sensible Wege (Rez.). In: Neue Deutsche Hefte, 16. Jahrg., H. 2, 1969, S. 141 ff
WALLMANN, JÜRGEN P.: Der Fall Reiner Kunze - Ein Beispiel Literaturpolitik der DDR. In: Neue Deutsche Hefte, 19. Jahrg., H. 4, 1972, S. 93 ff
WALLMANN, JÜRGEN P.: Reiner Kunze in der DDR. Radio-Essay. Süddeutscher Rundfunk, Sendung 28.9.72
WALLMANN, JÜRGEN P.: Kunze bleibt auf dem Posten. In: Rheinische Post, 14.10.72
WALLMANN, JÜRGEN P.: 15.000 mal Reiner Kunze. In: Der Tagesspiegel, 7.9.73
WALLMANN, JÜRGEN P.: Ausgesperrt - eingesperrt - ausgesperrt. Der Lyriker Reiner Kunze und die Kulturpolitik der DDR. In: Literatur und Kritik, 9, Salzburg 1974, S. 582 ff
WALLMANN, JÜRGEN P.: Kunze in England. In: Deutschland-Archiv, H. 6, 1975
WALLMANN, JÜRGEN P.: 'Die wunderbaren Jahre'. In: Die Tat, 3.9.76
WALLMANN, JÜRGEN P.: Von der Veränderbarkeit der Verhältnisse. In: Basler Nachrichten, 11.11.76
WALLMANN, JÜRGEN P.: Solange das Gegenteil nicht bewiesen ist, habe ich in der DDR eine literarische Zukunft. In: Frankfurter Rundschau, 11.11.76
WALLMANN, JÜRGEN P.: Innere Souveränität. In: Die Tat, 11.2.77
WALLMANN, JÜRGEN P.: Briefe, die ihn noch erreichten (Aus den letzten Briefen von Bürgern der DDR an den ins Exil gezwungenen Schriftsteller Reiner Kunze). In: Die Zeit, 22.4.77
WALLMANN, JÜRGEN P.: Hauch gegen Eisblumen. In: Deutschland-Archiv, 10. Jahrg., H. 4, 1977
WALLMANN, JÜRGEN P.: Die Zensur kann ihn nicht streichen. In: Rheinischer Merkur, 21.10.77
WALLMANN, JÜRGEN P.: Sensible Wege. Ein Porträt des Schriftstellers Reiner Kunze. In: Anstöße. Berichte

aus der Arbeit der Evangelischen Akademie Hofgeismar, 25, Hofgeismar 1978, S. 83 ff; (gleicher Titel) aufgenommen in: L. Jordan u.a. (Hrsg.), Lyrik von allen Seiten, Collection Fischer, Frankfurt a.M. 1981, S. 461 ff
WALLMANN, JÜRGEN P.: Auch dies ist mein Land. In: Rheinischer Merkur, Nr. 32, 17.8.81
WALLMANN, JÜRGEN P.: Einer, der durchatmen kann. In: Rheinischer Merkur/Christ und Welt, 6.11.81
WALLMANN, JÜRGEN P.: Auf knappstem Raum ein Höchstmaß an Ausdruck. In: Deutschland-Archiv, 14. Jahrg., 10., 1981
WALZ, HANS: Wunderbare Jahre, bittere Folgen. In: Hannoversche Allgemeine Zeitung, 6.11.76
WEBER, WERNER: Reiner Kunze - Zu den Gedichten 'Zimmerlautstärke'. In: Neue Züricher Zeitung, 18.2.73
WEERTH, WOLFGANG: Schreiben aus anderer Erfahrung. Nach einem halben Jahr in der Bundesrepublik Deutschland - Begegnung mit Reiner Kunze. In: Süddeutsche Zeitung, 14.10.77
WULFFEN, BARBARA VON: Licht, Schatten. In: Süddeutsche Zeitung, 10.10.81
ZIEM, JOCHEN: Horror - Trip durchs gelobte Land (zu: Die wunderbaren Jahre). In: Das da, H. 11, 1976
ZIEMANN, R.: Der Leser jubel nicht (zu: Aber die Nachtigall jubelt). In: Ich schreibe, H. 1, Leipzig 1964

## DRUCKNACHWEISE

BÖLL, Heinrich: Die "Laudatio auf den Georg-Büchner-Preisträger Reiner Kunze" ist in der FAZ vom 22. Oktober 1977 erstmals veröffentlicht und in der Werkausgabe Heinrich Bölls, Band 9, Seite 477 - 482, Verlag Kiepenheuer & Witsch, Köln, aufgenommen worden.
EIGENWALD, Rolf: Originalbeitrag.
FELDKAMP, Heiner: Originalbeitrag.
HEISE, Walter: "Nachschriften - Zu einem Gedicht Reiner Kunzes" wurde in der Zeitschrift für Musikpädagogik, Heft 8, Juli 1979, erstmals veröffentlicht.
KLAUSENITZER, Hans-Peter: "Greiz - grüne Zuflucht" wurde erstveröffentlicht in dem Kalender "Stätten deutscher Literatur" 1982, herausgegeben vom Gesamtdeutschen Institut, Bundesanstalt für gesamtdeutsche Aufgaben.
KUNZE, Reiner: Die "Ansprache anläßlich der Aufnahme in die Deutsche Akademie für Sprache und Dichtung" wurde im Jahrbuch 1978 der Akademie erstveröffentlicht. Die "Rede zur Verleihung des Georg-Büchner-Preises" wurde erstmals in der "Süddeutschen Zeitung" vom 22./23. Oktober 1977 veröffentlicht.
LINN, Marie Luise: Ihr Beitrag "Reiner Kunzes 'Die wunderbaren Jahre' - Analyse der literarischen Form" wurde zuerst in dem beim Klett Verlag erscheinenden "Deutschunterricht", Heft 6, Stuttgart 1978, publiziert.
WOLFF, Rudolf: Das Gespräch mit Reiner Kunze, "Kunst wendet innere und äußere Not", wurde am 10. Januar 1983 geführt.

*

Herausgeber und Verlag danken allen Autoren und Verlagen für die Druckgenehmigung. Der Herausgeber dankt insbesondere Herrn Kunze, Herrn Feldkamp und Herrn Wallmann, die ihm bei der Zusammenstellung des Buches (und vor allem der Bibliographie) mit Rat und Tat behilflich waren.

## BILDNACHWEISE

DU VINAGE, Gabriele: Seite 91
GAA, Karin M.: Seite 26, 29 (beide)
KUNZE, Reiner: Seite 6, 84, 87, 91, 115
RIAS-BERLIN: Seite 18 (Werner Bethsold)